essentials

essentials liefern aktuelles Wissen in konzentrierter Form. Die Essenz dessen, worauf es als „State-of-the-Art" in der gegenwärtigen Fachdiskussion oder in der Praxis ankommt. *essentials* informieren schnell, unkompliziert und verständlich

- als Einführung in ein aktuelles Thema aus Ihrem Fachgebiet
- als Einstieg in ein für Sie noch unbekanntes Themenfeld
- als Einblick, um zum Thema mitreden zu können

Die Bücher in elektronischer und gedruckter Form bringen das Expertenwissen von Springer-Fachautoren kompakt zur Darstellung. Sie sind besonders für die Nutzung als eBook auf Tablet-PCs, eBook-Readern und Smartphones geeignet. *essentials:* Wissensbausteine aus den Wirtschafts-, Sozial- und Geisteswissenschaften, aus Technik und Naturwissenschaften sowie aus Medizin, Psychologie und Gesundheitsberufen. Von renommierten Autoren aller Springer-Verlagsmarken.

Weitere Bände in der Reihe http://www.springer.com/series/13088

Gernot Schiefer · Ramona Gattner

Neuroleadership – die Grundannahmen in kritischer Analyse

Was Neurowissenschaften zur Zukunft von Führungstheorien wirklich beitragen

Gernot Schiefer
Wirtschaftspsychologie, FOM Hochschule
für Oekonomie und Management
Saarbrücken, Deutschland

Ramona Gattner
Wirtschaftspsychologie, FOM Hochschule
für Oekonomie und Management
Mannheim, Deutschland

ISSN 2197-6708　　　　　　　　ISSN 2197-6716　(electronic)
essentials
ISBN 978-3-658-23477-5　　　　ISBN 978-3-658-23478-2　(eBook)
https://doi.org/10.1007/978-3-658-23478-2

Die Deutsche Nationalbibliothek verzeichnet diese Publikation in der Deutschen Nationalbibliografie; detaillierte bibliografische Daten sind im Internet über http://dnb.d-nb.de abrufbar.

Springer ist ein Imprint der eingetragenen Gesellschaft Springer Fachmedien Wiesbaden GmbH und ist ein Teil von Springer Nature
Die Anschrift der Gesellschaft ist: Abraham-Lincoln-Str. 46, 65189 Wiesbaden, Germany

Was Sie in diesem *essential* finden können

- Eine Darstellung der drei wesentlichen Konzepte des Neuroleadership und deren Grundlagen
- Eine kritische Analyse der Grundannahmen der Neuroleadership-Konzepte
- Eine Diskussion möglicher Konsequenzen des Neuro-Realismus für die Anwendung neurowissenschaftlicher Erkenntnisse auf Führungstheorien

Inhaltsverzeichnis

Neuroleadership – Revolution der Führungstheorien?

Effektive Konzepte der Mitarbeiterführung zu entwickeln, ist bereits seit dem 19. Jahrhundert ein zentrales Anliegen des wissenschaftlich fundierten Personalmanagements. Eines der aktuellsten Konzepte ist das „Neuroleadership", welches 2006 von David Rock und Jeffrey Schwartz entwickelt wurde. Der Führungscoach Rock und der Psychologe Schwartz legen dar, dass neurowissenschaftliche Erkenntnisse zum Erfolg einer Führungskraft führen können, da es ihnen über diesen Zugang gelingt, das Verhalten ihrer Mitarbeiter besser zu verstehen und Veränderungsprozesse gezielter umzusetzen (Rock und Schwartz 2006, S. 3). Im Laufe der Zeit postulierten Vertreter des Neuroleadership dieses sogar als die Zukunft der Führungstheorien und als eine vollkommen neue Sicht auf Führung und Mensch, bei der das Gehirn die steuernde Kraft ist (Reinhardt und Roosen 2014, S. 25).

Innerhalb weniger Jahre etablierte sich Neuroleadership als eigene Forschungsdisziplin und das gleichnamige Forschungsinstitut brachte schnell erste Konzepte für eine konkrete Umsetzung der Theorie hervor (Rock und Ringleb 2009, S. 4). Während jedoch Unternehmensberatungen wie McKinsey (Elger 2009, S. 17) und Booz Allen Hamilton (Kiefer 2011) diese Erkenntnisse schnell als vielversprechende und zukunftsfähige Lösung der Führungsthematik sahen, stellen Kritiker bis heute die Notwendigkeit dieser Theorie infrage. Zu den ersten Kritikerinnen zählte Jena McGregor, die in einem 2007 in der Business Week veröffentlichten Artikel, Neuroleadership als alten Wein in neuen Schläuchen (McGregor 2007) bezeichnete. Damit verlieh sie dem Hauptargument der meisten Kritiker Ausdruck, dass dieser Ansatz nur bekannte Weisheiten in anderer Sprache (Elger 2009, S. 14) verkaufe. Diese Kritik hält sich bis heute hartnäckig (Reinhardt 2014a, S. 318). Da neurowissenschaftliche

© Springer Fachmedien Wiesbaden GmbH, ein Teil von Springer Nature 2019
G. Schiefer und R. Gattner, *Neuroleadership – die Grundannahmen in kritischer Analyse,* essentials, https://doi.org/10.1007/978-3-658-23478-2_1

Erkenntnisse seit Beginn des 21. Jahrhunderts zunehmend ihren Weg in sozial- und wirtschaftswissenschaftliche Untersuchungen finden (Satel und Lilienfeld 2013, S. 2), hinterfragen Neuro-Skeptiker inzwischen deren tatsächliche Aussage- und Vorhersagekraft für diese Gebiete (Hasler 2012, S. 225 f.). Zwischen den Ansprüchen der Vertreter des Neuroleadership, die Führungstheorie neu zu gestalten und durch eine vollkommen neue Sicht voranzutreiben und den Aussagen der Kritiker dieser Theorie, die es als reine Umformulierung bekannter Erkenntnisse aus anderen Führungstheorien bezeichnen, besteht demnach ein starker Widerspruch.

Basierend auf dem aktuellen Forschungsstand werden in diesem *essential* die drei wesentlichen Konzepte zur Umsetzung des Neuroleadership (das SCARF Modell nach Rock, das AKTIV Modell nach Peters und Ghadiri, die sieben Grundregeln des Neuroleadership nach Elger) sowie deren Grundlagen näher erläutert und in den größeren Zusammenhang der Führungstheorien eingeordnet.

Die daran anschließende kritische Analyse reflektiert, inwieweit in den Konzepten des Neuroleadership bekannte Erkenntnisse aus etablierten Führungstheorien angewandt werden und wertet diese Ergebnisse hinsichtlich des zuvor identifizierten Widerspruches zwischen den Ansprüchen der Vertreter des Neuroleadership und der Kritik daran aus. Vor dem Hintergrund dieser Ergebnisse und mit Blick auf den sogenannten Neuro-Realismus wird abschließend eine mögliche Zukunft des Neuroleadership diskutiert.

Konzepte des Neuroleadership und ihre Grundlagen 2

2.1 Einordnung und Definition des Neuroleadership

Im Laufe der Zeit rückte zunehmend die dyadische Beziehung zwischen Mitarbeiter und Führungskraft in das Zentrum führungstheoretischer Überlegungen (Van Seters et al. 1990, S. 39). Neuere Führungstheorien stellen die situativen Faktoren, die diese Beziehung beeinflussen, sowie die Interaktion zwischen Mitarbeiter und Führungskraft heraus und betonen, dass Führungserfolg nicht nur von oben, also durch die Führungskraft, sondern auch von unten durch den Mitarbeiter zustande kommt (Van Seters et al. 1990, S. 39). Neuroleadership kann als eine dieser neueren Führungstheorien betrachtet werden (Rock et al. 2009, S. 4), da die Beziehung zwischen Mitarbeiter und Führungskraft sowie der Einfluss durch den Kontext, in dem deren Interaktion stattfindet im Vordergrund steht (Rock und Ringleb 2008, S. 6).

Unter Neuroleadership „wird der Erkenntnisgewinn neurowissenschaftlicher Forschung für die Führung von Mitarbeitern verstanden" (Peters et al. 2013, S. 7). Das grundlegende Ziel des Neuroleadership besteht darin, durch die Anwendung neurowissenschaftlicher Erkenntnisse im Führungskontext, den Schlüssel zum Führungserfolg zu liefern und somit einen Weg aus der aktuellen Führungskrise zu bereiten (Rock et al. 2008, S. 3 f.). Da Führungserfolg hier nicht nur von der Situation und Interaktion abhängig gemacht wird, sondern davon, dass Führungskräfte neurowissenschaftliche Fakten in ihrer Interaktion mit Mitarbeitern berücksichtigen, sehen Vertreter des Neuroleadership darin eine Weiterentwicklung situativer bzw. interaktionistischer Führungstheorien (Rock et al. 2008, S. 3). Christian Elger betont, dass die Anwendung neurowissenschaftlicher Erkenntnisse auf die Führungstheorie eine gänzlich neue Sicht auf den Menschen vermittelt, der nur durch sein Gehirn existiert (Elger 2009, S. 23).

© Springer Fachmedien Wiesbaden GmbH, ein Teil von Springer Nature 2019
G. Schiefer und R. Gattner, *Neuroleadership – die Grundannahmen in kritischer Analyse,* essentials, https://doi.org/10.1007/978-3-658-23478-2_2

Peters und Ghadiri sehen dies ähnlich und legen ihren Überlegungen zum Neuroleadership einen „Brain-Directed Man" zugrunde, eine Weiterentwicklung des Menschenbildes, welches den Mensch als gehirngesteuertes Wesen im Zentrum sieht, dessen Handlungen durch Emotionen und die Befriedigung neurowissenschaftlicher Grundbedürfnisse beeinflusst werden (Peters et al. 2013, S. 12 f.).

2.2   Einführung in Konzepte zur Umsetzung des Neuroleadership

Die seit der Einführung des Begriffes Neuroleadership im Jahre 2006 daraus entwickelten Konzepte lassen sich im Wesentlichen in Konzepte auf Mitarbeiterebene und Konzepte auf Organisationsebene unterteilen (Peters et al. 2013, S. 7). Erstere orientieren sich an der Definition des Neuroleadership nach Rock und Schwartz (2008) und stellen entsprechend die Führungsdyade in den Mittelpunkt. Konzepte auf Organisationsebene hingegen weichen von diesem ursprünglichen Verständnis ab und zielen darauf ab, Neuroleadership auf organisationaler Ebene umzusetzen (Peters et al. 2013, S. 7). Zu Konzepten auf Mitarbeiterebene, die nicht nur ein einzelnes Instrument der Mitarbeiterführung aufgreifen, sondern diese ganzheitlich betrachten, zählen: das SCARF Konzept nach David Rock, das AKTIV Modell bzw. PERFEKT Schema nach Theo Peters und Argang Ghadiri und die sieben Grundregeln des Neuroleadership nach Christian Elger (Peters et al. 2013, S. 7).

2.3   SCARF Modell nach Rock

Nachdem Rock im Jahre 2006 den Begriff Neuroleadership erstmals prägte, veröffentlichte er 2008 das sogenannte *SCARF Modell* (Rock und Cox 2012, S. 130). Diesem Modell liegt das zentrale Ordnungsprinzip des Gehirns zugrunde, dass Belohnungen maximiert und Bedrohungen minimiert werden sollen. Belohnungen zu maximieren entspricht laut David Rock einer Annäherungsreaktion, während Bedrohungen zu minimieren mit einer Vermeidungsreaktion gleichzusetzen ist: „the underlying science of the SCARF model [is] the approach (reward) – avoid (threat) response" (Rock 2008, S. 79). Dieser Mechanismus entstammt einer Überlebenstaktik, die in jenen Hirnstrukturen verankert ist, welche als Belohnungszentrum bezeichnet werden: das limbische System und insbesondere die Amygdala. Durch Wissen aus vorherigen Belohnungs- oder Bedrohungssituationen wird ein Reiz sekundenschnell verarbeitet, eine emotionale Reaktion hervorgerufen und ein Verhalten, wie etwa Vermeidung ausgelöst. Wird das Belohnungszentrum aktiviert, führt dies zu Motivation und Zufriedenheit, weshalb Mitarbeiter bzw. Menschen allgemein versuchen, sich so zu verhalten, dass dieses möglichst oft aktiviert wird (Elger 2009, S. 91). In einer Situation hingegen, die als bedrohlich empfunden wird, löst die Amygdala eine Stressreaktion aus, wodurch sich die Aktivität des präfrontalen Cortexes reduziert (Arnsten 1998, S. 1711). Der präfrontale Cortex ist ein Bestandteil der äußeren drei Millimeter des Großhirns, die auch als cerebraler Cortex bzw. Großhirnrinde bezeichnet werden. Er ist verantwortlich für kognitive Prozesse wie die Planung künftiger Handlungen, die Steuerung des Sozialverhaltens, die Achtung ethischer Werte und Moralvorstellungen und die Verarbeitung und Nutzung von emotionalem Wissen (Reinhardt 2014a, S. 44). In einer als bedrohlich wahrgenommenen Situation verarbeitet er subtile Signale schlechter, wodurch Menschen zu Verallgemeinerungen neigen. Äußere Faktoren, die sonst nur eine geringe Stressreaktion des Körpers hervorrufen, werden durch den Warnschuss der Amygdala als bedeutender empfunden und rufen mehr Stress hervor (Rock 2008, S. 80). Diese Aktivitäten in Amygdala bzw. limbischem System laufen auch in sozialen Situationen ab (Eisenberger und Lieberman 2005, S. 111). Fühlt sich ein Mitarbeiter in seinem Arbeitsumfeld bedroht, sei es durch seine Umgebung oder seinen direkten Vorgesetzten, kann das dessen Leistungsfähigkeit erheblich mindern, so Rock (2008). Im Vergleich dazu ruft eine Situation, die als belohnend wahrgenommen wird, positive Emotionen und eine Annäherungsreaktion hervor. Das Belohnungszentrum wird aktiviert, was zu einer höheren Ausschüttung von Dopamin – dem sogenannten Glückshormon – führt. Dadurch wird ein Mitarbeiter leistungsbereiter, motivierter und ist in der Lage komplexere Herausforderungen zu lösen (Rock 2008, S. 81).

Die fünf Bestandteile des SCARF-Modells, *Status, Certainty, Autonomy, Relatedness und Fairness,* stellen die Handlungsfelder dar, mit denen Führungskräfte Belohnungen und Bedrohungen für Mitarbeiter entsprechend steuern und diese somit effektiv führen können, so Rock (2008).

a) Status

Mit dem Begriff Status beschreibt Rock (2008) den eigenen relativen, sozialen Status, den eine Person in Bezug auf andere Personen empfindet. Fühlt man sich jemand anderem überlegen, empfindet man den eigenen Status höher und das Belohnungssystem wird aktiviert. Izuma, Saito und Sadato zeigen, dass ein Anstieg des sozialen Status bei Probanden zu einer ähnlichen Aktivierung des Belohnungssystems führt wie finanzielle Entlohnung: „the reward value of both money and a good reputation is represented in this region" (Izuma et al. 2008, S. 288). Im Gegenzug führt die wahrgenommene Herabsetzung des eigenen

Status zu einer starken Bedrohungsreaktion. Eisenberger und Liebermann (2005) zeigten in Experimenten, dass eine solche Herabsetzung, also sozialer Schmerz, die gleichen Hirnregionen aktiviert wie physischer Schmerz.

Führungskräfte sollten laut Rock (2008) demnach vermeiden, dass Mitarbeiter ihren Status als bedroht wahrnehmen, wobei bereits ein gut gemeinter Rat oder eine einfache Anweisung als Bedrohung empfunden werden kann. Stattdessen sollten sie darauf achten, gezielt die Statusempfindung ihrer Mitarbeiter zu stärken und deren Belohnungssystem zu aktivieren, indem sie ihnen *Möglichkeiten zur Weiterbildung und Entwicklung* anbieten oder *gezieltes, positives Feedback* geben.

b) Certainty

Mit Certainty, also Sicherheit, beschreibt David Rock (2008) das Bedürfnis unseres Gehirns nach Routine und der Fähigkeit, Vorhersagen zu treffen. Diese Vorhersagen werden im Hirn basierend auf einem ständigen Abgleich zwischen neuen Situationen und vorhandenen Erfahrungen getroffen und dienen als Entscheidungsgrundlage (Elger 2009, S. 56). In einer unbekannten Situation, benötigt der präfrontale Cortex mehr Energie, um entsprechend reagieren zu können, wodurch es dem Gehirn schwerfällt, zusätzlich noch anderen Aufgaben Aufmerksamkeit zu schenken (Hedden und Garbrielli 2006, S. 864). Unsicherheiten im Arbeitsumfeld, also die fehlende Fähigkeit Vorhersagen treffen zu können, werden von Mitarbeitern daher als Bedrohung empfunden, wohingegen Sicherheit das Belohnungszentrum aktiviert (Rock 2008, S. 81 f.). Die Aufgabe einer Führungskraft besteht laut Rock darin, Unsicherheiten so weit wie möglich zu reduzieren, zum Beispiel durch die *Formulierung und Wiederholung konkreter Strategien und Ziele,* bis hin zum konkreten Ablauf eines Meetings. Je mehr *Transparenz* Mitarbeiter über die Geschehnisse in ihrem Arbeitsumfeld haben, desto sicherer fühlen sie sich, so Rock.

c) Autonomy

Der Bereich Autonomy im SCARF Modell bezeichnet die wahrgenommene Fähigkeit eines Mitarbeiters, die Kontrolle über die eigene Situation zu haben. Dieses Gefühl aktiviert das Belohnungssystem, ein Kontrollverlust hingegen wirkt bedrohlich. Obwohl Führungskräfte ihren Mitarbeitern meist nicht die vollständige Kontrolle über ihre Aufgaben überlassen können, rät Rock (2008) dazu, ein gewisses Kontrollgefühl zu vermitteln. Als Beispiele nennt er die *Gestaltung eines eigenen Lernplans,* das *Übertragen von Projekten* oder auch das *selbstständige Festlegen der eigenen Arbeitszeiten und des Arbeitsplatzes.* Durch diese Möglichkeiten hätten Mitarbeiter die Fähigkeit, ihre Arbeitssituation in gewissem Maß zu kontrollieren.

d) Relatedness

Dieser Bereich beschreibt das Bedürfnis eines Mitarbeiters nach dem sozialen Bezug zu einer Gruppe: „where they experience a sense of belonging" (Rock 2008, S. 82). Die fehlende Zugehörigkeit zu einer sozialen Gruppe kann Gefühle der Einsamkeit hervorrufen, was wiederum eine Bedrohungsreaktion im Gehirn auslöst. Zudem kann auch das Kennenlernen einer bislang unbekannten Person bedrohlich sein: binnen weniger Sekunden teilt das Gehirn unbekannte Personen anhand ihrer Gesichter in Freunde oder Feinde ein, ein Prozess bei dem insbesondere die Amygdala aktiviert wird (Carter und Pelphrey 2008, S. 160). Erst nachdem ein gewisses Vertrauensverhältnis zu einer Person aufgebaut wurde, werden positive Emotionen, also eine Annäherung ausgelöst. Dieses Vertrauen entsteht maßgeblich durch die Ausschüttung des Bindungshormons Oxytocin und bereits kleine Signale wie ein *Handschlag,* der *Austausch von Namen* oder *Smalltalk* können diesen Prozess im Gehirn in Gang setzen (Zak et al. 2005, S. 526). Das Arbeiten in zunehmend internationalem Kontext und virtuellen Teams erschwert jedoch den Aufbau von Vertrauen. Daher rät Rock (2008) Führungskräften in diesem Kontext, vor allem auf Videotechnologien und Fotos sowie soziale Netzwerke zurückzugreifen, um eine gewisse *Nähe zwischen den Mitgliedern eines Teams* zu schaffen, welche notwendig ist für eine *gemeinsame Vertrauensbasis.*

e) Fairness

Den letzten Bereich des SCARF Modells, Fairness, versteht Rock (2008) als den fairen Umgang zwischen Mitarbeitern sowie den als fair wahrgenommenen Austausch in deren sozialem Umfeld allgemein, also auch die wahrgenommene Fairness durch eine Führungskraft. Die Wahrnehmung von Fairness aktiviert das Belohnungszentrum eines Mitarbeiters und kann sich sowohl auf faires Verhalten beziehen, das einem Mitarbeiter widerfährt, als auch auf die Bestrafung des unfairen Verhaltens einer anderen Person (Tabibnia und Lieberman 2007, S. 94). Ein Verhalten, das als unfair wahrgenommen und nicht bestraft wird, führt im Hirn zu einer Bedrohungsreaktion. Rock rät Führungskräften, *regelmäßig mit ihren Mitarbeitern zu kommunizieren,* eine *höhere Transparenz zu schaffen* und dafür zu sorgen, dass diese sich *in Geschäftsvorgänge einbezogen fühlen und diese nachvollziehen können.* Dadurch erhöht sich, so Rock (2008), die wahrgenommene Fairness. Zusätzlich könne es helfen, die *Erwartungen der eigenen Mitarbeiter entsprechend zu steuern,* sodass diese sich, zum Beispiel nach einem Feedback- oder einem Gehaltsgespräch, nicht unfair behandelt fühlen.

2.4   AKTIV Modell und PERFEKT Schema nach Peters und Ghadiri

Die beiden Betriebswirte Theo Peters und Argang Ghadiri stellten 2013 ein weiteres Konzept zur Umsetzung des Neuroleadership dar: das AKTIV Modell, aus dem sich ihre Handlungsempfehlungen, das PERFEKT Schema, ableiten. Ihrem Konzept legen sie eine Theorie zugrunde, die neurowissenschaftliche Erkenntnisse auf die Psychologie anwendet: das konsistenztheoretische Modell nach Grawe (Peters et al. 2013, S. 138).

Laut Grawe existieren vier Ebenen des psychischen Funktionierens: die Systemebene, die Ebene der Grundbedürfnisse, die Ebene der motivationalen Schemata und die Ebene des Erlebens und Verhaltens. Auf der Systemebene steht als übergeordnetes Grundprinzip, das Streben nach Konsistenz oder nach der „Übereinstimmung bzw. Vereinbarkeit der gleichzeitig ablaufenden neuronalen/psychischen Prozesse" (Grawe 2004, S. 186). Um diese verschiedenen neuronalen/psychischen Prozesse miteinander in Einklang zu bringen und Konsistenz zu erreichen, müssen die menschlichen Grundbedürfnisse bewusst oder unbewusst befriedigt werden. Diese Grundbedürfnisse bilden die zweite Ebene in Grawes Modell und er beschreibt sie als die „Bedürfnisse, die bei allen Menschen vorhanden sind und deren Verletzung oder dauerhafte Nichtbefriedigung zu Schädigungen der psychischen Gesundheit und des Wohlbefindens führen" (Grawe 2004, S. 185). Sie umfassen: das Bedürfnis nach Bindung, das Bedürfnis nach Orientierung und Kontrolle, das Bedürfnis nach Selbstwerterhöhung und Selbstwertschutz und das Bedürfnis nach Lustgewinn bzw. Unlustvermeidung.

a) Bedürfnis nach Bindung
Mit dem *Bedürfnis nach Bindung* beschreibt Grawe die Abhängigkeit von einer nahen Bezugsperson (Grawe 2004, S. 192). Ein sicheres Bindungsverhalten führt zu einer verstärkten Nutzung von Annäherungsreaktionen, während ein unsicheres Bindungsverhalten eher Vermeidungsreaktionen hervorruft (Grawe 2004, S. 194). Neurowissenschaftliche Studien belegen, dass die Trennung von einer Bezugsperson in der Amygdala eine Stressreaktion hervorruft und in einer guten Bindungsbeziehung vor allem Oxytocin ausgeschüttet wird, das die Bildung von Vertrauen fördert und das Belohnungszentrum aktiviert (Grawe 2004, S. 195 f.).

b) Bedürfnis nach Orientierung und Kontrolle
Das *Bedürfnis nach Orientierung und Kontrolle* beschreibt Grawe als das Streben eines Menschen danach, Maßnahmen und Aktionen in seinem Sinne zu beeinflussen. Dieses bezieht Grawe nicht nur auf die Kontrolle, die in einer

konkreten Situation ausgeübt werden kann, sondern auch auf die Schaffung möglichst großer Handlungsspielräume in der Zukunft (Grawe 2004, S. 232). Dabei führen positive Kontrollerwartungen zu Herausforderungen, die man glaubt, noch bewältigen zu können. Die Bewältigung dieser Herausforderungen resultiert in neuen neuronalen Verschaltungen, durch die positive Lernmechanismen besonders gut abgespeichert werden und Menschen stressresistenter werden. Negative Kontrollerwartungen hingegen führen zu einer Stressreaktion des Körpers, bei der Stresshormone ausgeschüttet werden, die zu Schädigungen der Nervenzellen und so zu einer Löschung von erlernten Verhaltensweisen und damit zu Hilflosigkeit und Angst oder sogar zu Depressionen führen können (Grawe 2004, S. 240 f.).

c) Bedürfnis nach Selbstwerterhöhung und Selbstwertschutz

Das Bedürfnis nach Selbstwerterhöhung und Selbstwertschutz kann sich erst entwickeln, wenn ein Mensch ein Selbstbild entwickelt hat und dieses durch Interaktion und Kommunikation mit Anderen reflektieren kann (Grawe 2004, S. 250). Wird der Selbstwert angegriffen, führt dies zu einer Stressreaktion. Sozialpsychologische Versuche zeigen, dass Menschen spontan ihren Selbstwert schützen und eher positive Aussagen und Leistungen für eine Selbstbeschreibung nutzen als negative, was in einer Rückkopplung zu einem höheren Selbstbild und damit der Befriedigung des Grundbedürfnisses führt. Funktioniert dieser Mechanismus jedoch nicht mehr und es werden eher negative Aussagen für das Selbstbild genutzt, ist das oftmals Zeichen einer Depression (Grawe 2004, S. 260).

d) Bedürfnis nach Lustgewinn/Unlustvermeidung

Menschen streben danach, Angenehmes zu erleben, also Lust zu empfinden, und unangenehme Zustände, also Unlust, zu vermeiden. Dieses Bedürfnis beeinflusst den Menschen permanent, da das limbische System basierend auf Vorerfahrungen einen Reiz zunächst immer als gut oder schlecht bewertet (Grawe 2004, S. 261). Positive Emotionen wie Hoffnung oder Freude führen zu Lust, negative Emotionen wie Ärger und Zorn hingegen zu Unlust (Reinhardt 2014a, S. 153). Alle anderen Grundbedürfnisse sind eng mit diesem Bedürfnis verknüpft, denn ihre Befriedigung, wie etwa eine gute Bindungsbeziehung, führt zu Lust, während ihre Verletzung oder Nichtbefriedigung, wie zum Beispiel bei Kontrollverlust, zu Unlust führen.

Die dritte Ebene in Grawes Konsistenztheorie beschreibt die motivationalen Schemata anhand derer die vier Grundbedürfnisse befriedigt werden. Hierbei handelt es sich um die bereits beschriebenen Annäherungs- und Vermeidungsschemata, wobei annähernde Schemata vorwiegend der Bedürfnisbefriedigung, dienen und Vermeidungsschemata vor allem davor schützen sollen, dass Grundbedürfnisse verletzt oder bedroht werden (Grawe 2004, S. 188). Rückmeldung darüber, ob diese Schemata erfolgreich sind und ihr Ziel erreichen, erhält der Mensch über die vierte und letzte Ebene in Grawes Modell: die Ebene des Erlebens und Verhaltens, bei der die menschliche Wahrnehmung zeigt ob Grundbedürfnisse befriedigt bzw. vor Verletzung geschützt wurden (Grawe 2004, S. 188 f.).

Basierend auf den Erkenntnissen der Konsistenztheorie und insbesondere der Bedeutung menschlicher Grundbedürfnisse nach Grawe im Unternehmenskontext, entwickelten Peters und Ghadiri ein theoretisches Konzept um diese Erkenntnisse auf die Mitarbeiterführung zu übertragen. Das Ziel ihres Modells, das bislang nicht empirisch belegt wurde, besteht darin, Führungskräften „konkrete Instrumente und Modelle (…) aufzuzeigen [und] (…) über die Erfüllung der vier Grundbedürfnisse das Konsistenzstreben des Mitarbeiters sicherzustellen" (Peters et al. 2013, S. 138).

Dabei schlagen sie ein Vorgehen in fünf Schritten vor (Peters et al. 2013, S. 139 f.). Im ersten Schritt, der *Analyse,* sollen Führungskräfte die Grundbedürfnisse ihrer Mitarbeiter wahrnehmen. Für jeden Mitarbeiter sollte untersucht werden, was dieser sich von seiner Arbeit verspricht, wie diese entsprechend gestaltet sein sollte und welche Hinweise sich hieraus für einen dem Mitarbeiter angepassten Führungsstil gewinnen lassen. Anschließend sollte über einen sogenannten Konsistenzfragebogen oder ein Konsistenzinterview anhand von Fragen zu den vier Grundbedürfnissen erhoben werden, zu welchem Grad die Grundbedürfnisse aktuell erfüllt sind (IST-Zustand) und welche Grundbedürfnisse für den Mitarbeiter am wichtigsten sind (SOLL-Zustand).

Im zweiten Schritt sollen Führungskräfte basierend auf den Ergebnissen der Analyse das sogenannte *Konsistenzprofil* erstellen. Dabei werden der IST- und SOLL-Zustand eines Mitarbeiters gegenübergestellt und grafisch die Diskrepanz dazwischen dargestellt.

Im dritten Schritt, der *Transformation,* sollen Mitarbeiter dann anhand von Beobachtungen durch die Führungskraft, einer Selbsteinschätzung und anhand eines Persönlichkeitstests in sogenannte GO- und NO- Typen eingeteilt werden. Diese Typologie basiert auf den motivationalen Schemata, die ein Mitarbeiter in seinem Verhalten zeigt: der GO-Typ beschreibt Mitarbeiter, die aktiv ihre Grundbedürfnisse erreichen wollen und dabei einen hohes Maß an Eigenantrieb an den Tag legen, indem sie Herausforderungen annehmen und Misserfolge schnell verschmerzen. Sie wenden demnach vorwiegend Annäherungsschemata an. Der NO-Typ hingegen beschreibt Mitarbeiter, die zurückhaltend sind, eher Vermeidungsschemata anwenden und nicht unbedingt versuchen ihre Grundbedürfnisse aktiv zu erreichen, sondern vielmehr diese vor Verletzung zu schützen. Diese Einteilung ist für Führungskräfte wichtig, um den jeweils passenden Führungsstil und die entsprechenden Führungsinstrumente für einen Mitarbeiter zu finden.

Der vierte Schritt beschreibt die Wahl dieser organisatorischen oder personalwirtschaftlichen Führungsinstrumente, die Führungskräfte basierend auf dem Konsistenzprofil treffen sollten und die der *Inkonsistenzvermeidung* dient. Je nach Mitarbeiter können Inkonsistenzen durch Teamarbeit, Projektgruppen, Weiterbildung oder Delegation vermieden werden.

Den letzten Schritt im AKTIV Modell sehen Peters und Ghadiri in der *Vereinbarung,* in der Führungskräfte und Mitarbeiter in einem persönlichen Gespräch die Führungsinstrumente festhalten, um sicherzustellen, dass diese auch zum jeweiligen Mitarbeiter passen.

Ihre Handlungsempfehlungen für Neuroleader halten Peters und Ghadiri im sogenannten PERFEKT Schema fest. Diese sollen laut Peters und Ghadiri dazu führen, dass Führungskräfte die zwischenmenschliche Beziehung mit ihren Mitarbeitern und deren Grundbedürfnisse in den Mittelpunkt stellen:

Während die *Förderung des Potenzials* (**P**) eines Mitarbeiters alle fünf Grundbedürfnisse anspricht und zur vielfachen Aktivierung des Belohnungssystems im Hirn führen kann, hilft die *Ermutigung zu neuen Lösungswegen* (**E**) insbesondere, das Bedürfnis nach Kontrolle und nach Selbstwerterhöhung/-schutz eines Mitarbeiters zu befriedigen. *Mitarbeitern qualifizierte Rückmeldung zu geben* (**R**) spricht wiederum Bindung, Kontrollbedürfnis und Selbstwerterhöhung/-schutz an, das *Einräumen von Freiheiten* (**F**) befriedigt das Kontrollbedürfnis. *Emotionale Führung* (**E**) soll den Selbstwert von Mitarbeitern ansprechen und zu einem Lustgewinn führen. *Kommunikation auf Augenhöhe* (**K**) schließlich hilft insbesondere, dem Bedürfnis nach Selbstwerterhöhung/-schutz gerecht zu werden, während *Transparentes Handeln* (**T**) dazu dient, auf das Kontrollbedürfnis von Mitarbeitern Rücksicht zu nehmen (Peters et al. 2013, S. 152 ff.).

2.5 Sieben Grundregeln des Neuroleadership nach Christian Elger

Abschließend werden die sieben Grundregeln des Neuroleadership nach Christian Elger vorgestellt. Er prägte den Begriff des Neuroleadership 2009 erstmals auch im deutschsprachigen Raum (Reinhardt 2014a, S. 27) und begründet sein Konzept anhand von vier Systemen des Gehirns, die im Rahmen eines Neuroleadership Ansatzes berücksichtigt werden sollten: das Belohnungssystem, das emotionale System, das Gedächtnissystem und das Entscheidungssystem.

a) Das Belohnungssystem

Das Belohnungssystem, welches Elger (2009) als ein Zusammenspiel von Nucleus Accumbens und den präfrontalen Cortex sieht, schüttet bei Aktivierung Dopamin aus, was zu Zufriedenheit, Motivation, Wohlbefinden und Lust führt. Elger legt dar, dass das Belohnungssystem unter anderem durch die Anwendung von gelerntem Wissen, positive Informationen über unser Gegenüber oder faires Verhalten und Vertrauen aktiviert wird. Dies wirkt sich wiederum auf andere Prozesse im Hirn aus, zum Beispiel auf Leistung. Das Abspeichern und Abrufen von Informationen funktioniert besser und schneller wenn bereits beim Lernen dieser Information das Belohnungssystem aktiviert wurde (Elger 2009, S. 103).

b) Das emotionale System

Elger vertritt die Ansicht, dass sich Emotionen „am besten erklären [lassen], wenn man sie nicht wie in der Psychologie als psychische Zustände, sondern als biologische Funktionen des Nervensystems, also als eine Hirnfunktion" (Elger 2009, S. 115) auffasst. Als emotionales System bezeichnet er das Zusammenspiel verschiedener Hirnareale, die an der Verarbeitung der vier Basisemotionen (Erwartung, Wut, Furcht und Panik) beteiligt sind, wobei die Amygdala immer an einer emotionalen Reaktion beteiligt ist (Elger 2009, S. 114 f.). Die zentrale Bedeutung des emotionalen Systems sieht Elger (2009) darin, dass Emotionen sich immer auf Motivation und Verhalten auswirken und die Interaktion und Kommunikation zwischen Menschen beeinflussen.

c) Das Gedächtnissystem

„Die Hauptaufgabe des Gedächtnisses besteht darin, Fähigkeiten zur Verfügung zu stellen, von denen wir annehmen, dass wir sie in Zukunft nutzen können" (Elger 2009, S. 133). Mit dem Begriff Gedächtnissystem bezeichnet Elger die verschiedenen Hirnregionen, die an der Entstehung von Erinnerungen beteiligt sind. Grundsätzlich bilden sich Erinnerungen, wenn bei einem bestimmten Erlebnis im Hirn verschiedene Nervenzellen in verschieden Arealen, also Verschaltungsmuster, aktiviert werden. Dabei werden verschiedene Stufen unterschieden. Während das Ultrakurzzeitgedächtnis und das Kurzzeitgedächtnis nur als Zwischenspeicherung dienen, in denen Informationen nicht bewusst wahrgenommen bzw. schnell durch neue Informationen ersetzt werden (Becker-Carus et al. 2017, S. 361), werden Ereignisse die relevant genug sind zur Weiterverarbeitung an den Hippocampus im limbischen System weitergeleitet. Dieser ordnet Erinnerungen kontextbezogenes Emotionswissen zu und speichert Inhalte im Langzeitgedächtnis, wobei zwischen deklarativem und prozeduralem Gedächtnis unterschieden wird. Im deklarativen Gedächtnis wird Hintergrundwissen bzw. Weltwissen sowie biografisches Wissen abgespeichert, während das prozedurale Gedächtnis ablaufspezifische Fertigkeiten und Verhaltensweisen umfasst (Becker-Carus et al. 2017, S. 360). Erinnerungen werden dann durch den präfrontalen Cortex wieder abgerufen (Elger 2009, S. 132).

d) Das Entscheidungssystem

Für das Entscheidungssystem ist der „präfrontale Cortex (…) das oberste Kontrollzentrum" (Elger 2009, S. 161), der Informationen aus den anderen drei Hirnsystemen erhält und basierend darauf entscheidet, was zu tun ist. Im präfrontalen Cortex werden auch emotionale Prozesse verarbeitet, denn die initiale Reaktion der Amygdala kann hier reguliert und ein Reiz in einen Kontext gesetzt werden. Außerdem werden hier notwendige Erinnerungen abgerufen, um eine Entscheidung treffen zu können. Der präfrontale Cortex ist eine Art letzte Entscheidungsgewalt, in dem angemessene Handlungen gesteuert, soziale Normen beachtet und Strategien und Pläne entwickelt werden (Elger 2009, S. 152). Dabei werden immer verschiedene Handlungsalternativen gegeneinander abgewogen, mit denen die Anforderungen der anderen Systeme umgesetzt werden können und letztlich das Belohnungssystem aktiviert wird und Zufriedenheit entsteht.

Seine Handlungsempfehlungen formuliert Elger als Grundregeln, die in der Praxis des Neuroleadership „ihre positive oder negative Wirkung stets gemeinsam" (Elger 2009, S. 158) entfalten, was nicht zuletzt damit zusammenhängt, dass diese Regeln jeweils vom Zusammenspiel der verschiedenen Gehirnsysteme beeinflusst werden (siehe Abb. 2.1).

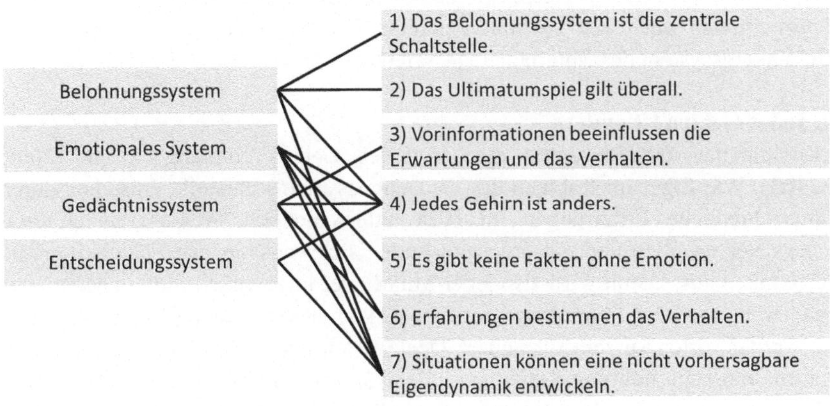

Abb. 2.1 Die sieben Grundregeln des Neuroleadership nach Elger. (Eigene Darstellung)

1. Das Belohnungssystem ist die zentrale Schaltstelle
Elger (2009) stellt fest, dass das Belohnungssystem aktiviert werden muss, um motiviert und zufrieden sein zu können und schließlich auch besser zu erinnern und zu lernen. Im Führungskontext, sollten Führungskräfte, also auf *das Wohlbefinden ihrer Mitarbeiter achten* und dieses durch ein gezielt aktiviertes Belohnungssystem erreichen. Elger rät daher beispielsweise, ein *angenehmes Arbeitsklima* zu schaffen, *Kooperation zwischen Mitarbeitern im Sinne einer Win-Win Situation* zu fördern und Mitarbeitern *zu bewältigende aber herausfordernde Aufgaben* zu stellen.

2. Das Ultimatumspiel gilt überall
Für Mitarbeiter stehen, so Elger, *Kooperation, Fairness* und *Win-Win* Situationen im Vordergrund. Indem eine Führungskraft *positives Feedback* gibt und durch faires Verhalten das Belohnungssystem des Mitarbeiters aktiviert, ist dieser kooperativer (Elger 2009, S. 161). Elger spielt hiermit auf ein sogenanntes Ultimatumspiel an, bei welchem Menschen ein Angebot ablehnen, da sie es als unfair empfinden und obwohl es sie besser dastehen lässt als vorher.

3. Vorinformationen beeinflussen die Erwartungen und das Verhalten
Da im Hirn ständig versucht wird, möglichst gute Vorhersagen zu treffen, spielen Vorinformationen und Erinnerungen an frühere Ereignisse eine wesentliche Rolle. Erhält ein Mitarbeiter vorab positive Informationen über eine Führungskraft, so aktiviert das sein Belohnungssystem und er ist leistungsbereiter und motivierter, so Elger (2009). Führungskräfte sollten demnach auf ihren Ruf achten und eine Art *Imagepflege* betreiben. Zusätzlich stärken *positive Vorinformationen auch das Vertrauen* in eine Führungskraft, was wiederum das Belohnungssystem des Mitarbeiters aktiviert.

4. Jedes Gehirn ist anders
„Komplexität und Plastizität machen jedes Gehirn einmalig" (Elger 2009, S. 163). Wie Elger im Rahmen des Gedächtnissystems darstellt, entstehen durch unterschiedliche Erfahrungen im Hirn unterschiedliche Verschaltungen zwischen Nervenzellen und entsprechend bilden sich verschiedene Fähigkeiten und Kenntnisse aus. Damit wird also jeder Mitarbeiter in gewissen Situationen anders reagieren, was den Führungsprozess umso komplexer macht. Um dem gerecht zu werden, offen zu sein für andere Denkweisen und Verständnis für andere zu haben, müssten Führungskräfte vor allem *Menschenerfahrung* sammeln, bzw. „Humanwissen" wie Elger es nennt. Diese lasse sich „als Erfahrung aus der Praxis" (Elger 2009, S. 163) gewinnen.

5. Es gibt keine Fakten ohne Emotion
Emotion und Kognition stehen laut Elger in enger Wechselwirkung zueinander, nicht zuletzt da viele Hirnregionen Teil des emotionalen Systems sind. Jede Information, die das Hirn erreicht, wird immer automatisch durch die Bewertung der Amygdala mit einer emotionalen Reaktion versehen (Elger 2009, S. 164). Gemäß dieser Theorie nehmen Menschen etwas als Fakt wahr, obwohl es häufig keiner ist. Wann immer wir etwas äußern, bringen wir damit unser Wertesystem zum Ausdruck – unsere unbewusste Bewertung, die sich auch in unserem Verhalten niederschlägt. Elger betont, dass Führungskräfte sich bewusst werden müssen, dass *Emotionen des Mitarbeiters sich immer, bewusst oder unbewusst, auf die Beziehung zwischen Führungskraft und Mitarbeiter auswirken.*

6. Erfahrungen bestimmen das Verhalten
„Unbewusstes Wissen ist schneller verfügbar als bewusste Überlegungen" (Elger 2009, S. 165). Dementsprechend steuert unser Unbewusstes unser Handeln über abgespeicherte Verschaltungsmuster oftmals bevor wir es merken. Führungskräfte sollten sich dessen bewusst sein, aber auch wissen, dass *Erfahrungen* eine *flexible Anpassung an eine neue Situation* beinhalten können und nicht zwangsläufig ein Innovationskiller sein müssten, so Elger.

7. Situationen können eine nicht vorhersehbare Eigendynamik entwickeln
In dieser Regel finden alle vier Gehirnsysteme Anwendung. Das Gehirn entwickelt Vorhersagen, die unser Verhalten steuern, basierend auf unseren Erinnerungen und Erfahrungen. Allerdings hat situatives Verhalten Vorrang vor geplantem Verhalten und jenes beruht vor allem auf der emotionalen Bewertung einer Situation und einer damit einhergehenden Reaktion des Belohnungssystems (Elger 2009, S. 167). So kommt es vor, dass wir in bestimmten Situationen anders handeln als in vergleichbaren Situationen, die wir zuvor erlebt haben, da ein Reiz eventuell anders eingeordnet wird als vorher. Um dem entgegen zu wirken und solch unplanbare Reaktionen möglichst zu vermeiden, sollte eine Führungskraft laut Elger (2009), eine *Situation so gut wie nur möglich vorausplanen,* um Mitarbeiter gezielt in eine Richtung zu lenken und sie in ihrem Handeln und Denken zu beeinflussen.

Kritische Reflexion der Neuroleadership Konzepte   3

Kritiker des Neuroleadership betonen, dass diese Theorie keine neuen Erkenntnisse hervorbringt. Durch eine systematische Analyse der verschiedenen Bestandteile der Neuroleadership Konzepte (theoretische Grundüberlegungen, Handlungsfelder und Handlungsempfehlungen) wird in diesem Kapitel untersucht, inwieweit hier auf andere Theorien im Führungskontext zurückgegriffen wird und wie begründet diese Kritik ist (Tab. 3.1).

Neben klassischen Führungstheorien, die vor allem den Führungsstil als beeinflussende Variable nutzen, werden hierfür auch „allgemeinpsychologisch fundierte Theorien des Führens" (Neuberger 2001, S. 533) herangezogen. Diese greifen auf allgemeine Theorien der Psychologie zurück, werden aber auf den Sonderfall Führung bezogen (Neuberger 2001, S. 533). Dazu zählen insbesondere die Motivationstheorien, aber auch Erkenntnisse aus der Arbeits- und Organisationspsychologie, der Sozialpsychologie sowie der Personalwirtschaft im Allgemeinen.

3.1 Reflexion der Grundüberlegungen Teil 1: Annäherungs- und Vermeidungsmotive in der Motivationstheorie

Im SCARF Modell besteht die wesentliche Grundüberlegung darin, dass Menschen Annäherungs- und Vermeidungstendenzen in ihrem Verhalten zeigen und Führungskräfte diese berücksichtigen. Im AKTIV Modell steht die Konsistenztheorie bzw. die Bedeutung des Strebens nach Konsistenz im Vordergrund, wobei auch hier annähernde und vermeidende Tendenzen eine Rolle spielen. Die sieben Grundregeln des Neuroleadership nach Elger basieren auf der Überlegung, dass

© Springer Fachmedien Wiesbaden GmbH, ein Teil von Springer Nature 2019
G. Schiefer und R. Gattner, *Neuroleadership – die Grundannahmen in kritischer Analyse,* essentials, https://doi.org/10.1007/978-3-658-23478-2_3

Tab. 3.1 Konzepte zur Umsetzung des Neuroleadership im Überblick. (Eigene Darstellung)

Konzept	Neurowissenschaftlich begründete Grundüberlegung	Handlungsfelder für den Neuroleader
SCARF Modell	Annäherungs bzw. Vermeidungsverhalten: Belohnungen maximieren, Bedrohungen minimieren	■ Status: sozialer Status im Vergleich zu anderen ■ Certainty: Sicherheit ■ Autonomy: Eigenständigkeit/ Unabhängigkeit, Kontrolle ■ Relatedness: sozialer Bezug zu einer Gruppe ■ Fairness
AKTIV Modell	Konsistenztheorie nach Grawe: Streben nach Befriedigung der vier Grundbedürfnisse (Bindung, Kontrolle, Selbstwert, Lust/Unlust) durch Annäherung/Vermeidung führt zu Konsistenz	■ Analyse der Grundbedürfnisse eines Mitarbeiters (IST und SOLL Zustand) ■ Konsistenzprofil erstellen ■ Transformation durch Einordnung der Mitarbeiter in GO/NO Typ ■ Inkonsistenzvermeidung durch Auswahl richtiger Führungsinstrumente ■ Vereinbarung zwischen Mitarbeiter und Führungskraft bzgl. dieser Instrumente
Sieben Regeln des Neuroleadership	vier Gehirnsysteme sind wesentlich: das Belohnungssystem, das emotionale System, das Gedächtnissystem und das Entscheidungssystem	1. Das Belohnungssystem ist die zentrale Schaltstelle. 2. Das Ultimatumspiel gilt überall. 3. Vorinformationen beeinflussen die Erwartungen und das Verhalten. 4. Jedes Gehirn ist anders. 5. Keine Fakten ohne Emotion. 6. Erfahrungen bestimmen das Verhalten. 7. Situationen können eine nicht vorhersehbare Eigendynamik entwickeln.

vier Hirnsysteme durch ihr Zusammenspiel das menschliche Verhalten wesentlich beeinflussen.

Die Unterscheidung zwischen Annäherungs- und Vermeidungsmotivation ist nicht neu, wie Rock selbst feststellt: „a concept that has appeared in the literature for a long time" (Rock 2008, S. 79). Tatsächlich gilt dieser Dualismus als „die vielleicht grundlegendste motivationspsychologische Annahme" (Ebner und Freund 2009, S. 72), die bereits seit Beginn des 18. Jahrhunderts eine Rolle für

Psychologen verschiedener Felder spielt (Elliott 2013, S. 4). Die Motivation von Mitarbeitern, also die in einer „Person vermutete[n] Antriebskräfte" (Rosenstiel 2014, S. 166), stehen im Zentrum von führungstheoretischen Überlegungen, die das Verhalten von Mitarbeitern erklären wollen, um eine effektivere Führung zu ermöglichen. Zahlreichen Motivationstheorien liegt daher die grundlegende Unterteilung in annäherndes und vermeidendes Verhalten zugrunde. In der Theorie der Leistungsmotivation nach Atkinson beschreibt dieser bereits 1957, dass die Wahl einer Leistungsaufgabe, also ob Mitarbeiter eine eher leichte oder schwierige Aufgabe aus verschiedenen Aufgaben auswählen, durch deren Tendenzen, Erfolge anzustreben (Annäherungsmotive) bzw. Misserfolge zu vermeiden (Vermeidungsmotive) bestimmt wird. Dabei bevorzugen Personen mit hoher Erfolgsmotivation, also Annäherungsmotiven, eher mittelschwere Aufgaben, die ihnen am ehesten Rückmeldung zur eigenen Leistungsfähigkeit geben, wohingegen Personen mit einer hohen Misserfolgsmotivation, also Vermeidungsmotiven, sehr leichte oder sehr schwierige Aufgaben wählen, um Misserfolge zu vermeiden oder Misserfolge nicht den eigenen Fähigkeiten zuschreiben zu müssen (Atkinson 1957, S. 371). Atkinsons Theorie und seine Definition des Leistungsmotivs sowie das Streben nach Erfolg bzw. Vermeiden von Misserfolg haben die Motivationstheorien wesentlich geprägt und wurden im Laufe der Zeit stetig weiterentwickelt (Brunstein und Heckhausen 2010, S. 191). Elliott führt in seinem hierarchischen Modell der Leistungsmotivation aus, dass Annäherungs- und Vermeidungsmotive sich vor allem in Zielen niederschlagen (Elliott 1999, S. 174), welche wiederum das Verhalten und vor allem die Leistungsbereitschaft von Mitarbeitern beeinflussen. Johnson et al. belegen einen positiven Zusammenhang zwischen Annäherungstendenzen und den Faktoren Arbeitszufriedenheit, Commitment und Leistung sowie einen negativen Zusammenhang zwischen Vermeidungstendenzen und diesen Faktoren (Johnson et al. 2013, S. 473). Die Zusammenhänge zwischen dem Dualismus Annäherungs- und Vermeidungsmotive und der Führungstheorie zählen zu den grundlegendsten der Motivationspsychologie. Folglich liefern Vertreter des Neuroleadership mit ihren Überlegungen an dieser Stelle keine grundsätzlich neuen Erkenntnisse, sondern beleuchten diese Verhaltenstendenzen vielmehr aus einer anderen, der neurowissenschaftlichen Perspektive.

3.2 Reflexion der Grundüberlegungen Teil 2: Anwendung der Konsistenztheorie im Führungskontext

Unter dem Begriff „Konsistenztheorien" werden grundsätzlich Theorien zusammengefasst, „denen zufolge Menschen Kongruenz bzw. Konsistenz zwischen ihren diversen Kognitionen bevorzugen, insbesondere zwischen Überzeugungen, Wertvorstellungen und Einstellungen" (Stroebe et al. 2014, S. 19). Eine Inkonsistenz verursacht demnach Spannungen in unserem kognitiven System und weckt in uns das Bedürfnis, Konsistenz wiederherzustellen. Als die wichtigste Konsistenztheorie, deren Bedeutung für den Führungskontext gut belegt ist, gilt die Theorie der kognitiven Dissonanz nach Festinger. Obwohl diese Theorie insbesondere in der Sozialpsychologie als eine Theorie der Einstellungsänderung erforscht wurde, ist sie im Kern eher als eine Motivationstheorie zu sehen, die „Selbstregulationsprozesse anlässlich innerer Konflikte beschreibt" (Beckmann und Heckhausen 2010, S. 74). Festinger stellte 1957 fest, dass Menschen den Zustand der Dissonanz, also der Inkonsistenz, wenn sie sich entgegen ihrer Einstellungen verhalten, als aversiv erleben und diesen durch eine Änderung ihrer Meinung, Einstellung oder ihres Verhaltens zu reduzieren versuchen (Festinger 1957, S. 2 f.). Dieses Verhalten spielt in der Mitarbeiterführung eine erhebliche Rolle: Empfindet ein Mitarbeiter seinen Aufwand höher als seinen Erfolg, wird er versuchen diese Dissonanz aufzuheben, entweder indem er seine eigene Leistung ab- oder seinen Erfolg aufwertet, sodass ihm das Verhältnis wieder passend erscheint. Alternativ wird eine andere Ursache für den fehlenden Erfolg gesucht, zum Beispiel dass die Führungskraft den Aufwand nicht entsprechend anerkennt (Schulenburg 2016, S. 100). Auch weitere Studien, wie zum Beispiel von Adams und Rosenbaum (1962) oder Burns und James (1995) belegen den Einfluss kognitiver Dissonanz auf Verhalten und Leistung von Mitarbeitern und zeigen, dass die Berücksichtigung von Konsistenztheorien in führungstheoretischen Überlegungen kein neuer Ansatz ist. Vielmehr handelt es sich bei dem Streben nach Konsistenz um ein Konstrukt, dessen Einfluss auf die Mitarbeitermotivation bereits seit der Mitte des 20. Jahrhunderts untersucht wird.

Sowohl das SCARF Modell, als auch das AKTIV Modells gründen demnach auf Überlegungen, die bereits im psychologischen und vor allem motivationstheoretischen Kontext untersucht wurden und deren Einfluss im Führungskontext gut belegt ist. Lediglich eine neurowissenschaftliche Perspektive wird hier jeweils ergänzt.

Anders verhält es sich mit den Grundüberlegungen von Christian Elger. Seine Unterscheidung in vier Hirnsysteme stellt eine rein neurowissenschaftlich belegte Überlegung dar, die er auf die Führungstheorie überträgt.

3.3 Reflexion der Handlungsfelder Teil 1: Menschliche Grundbedürfnisse im Führungskontext

Menschliche Grundbedürfnisse bilden sowohl im SCARF, als auch im AKTIV Modell die Handlungsfelder. Im SCARF Modell beschreibt Rock sie anhand der fünf Dimensionen Status, Certainty, Autonomy, Relatedness und Fairness und beschreibt wie Führungskräfte durch die Konzentration auf diese fünf Bedürfnisse bei Mitarbeitern annäherndes Verhalten fördern und vermeidendes Verhalten reduzieren sollten. Im AKTIV Modell bilden die Grundbedürfnisse die Grundlage des Konsistenzprofils und damit wiederum den Ausgangspunkt für die Wahl der richtigen Führungsinstrumente. Abhängig von der Bedeutung, die ein Grundbedürfnis für einen Mitarbeiter hat, besteht in diesem oder mehreren Bedürfnissen die Handlungsfelder auf die sich Führungskräfte besonders konzentrieren sollten.

Die gewählten Grundbedürfnisse und damit Handlungsfelder in SCARF und AKTIV Modell sind nicht trennscharf und lassen sich zu folgenden Bedürfnissen zusammenfassen: Status bzw. Selbstwerterhöhung und Selbstwertschutz, Sicherheit, Kontrolle, sozialer Bezug bzw. Bindung und Fairness. Grawes viertes Grundbedürfnis, Lustgewinn bzw. Unlustvermeidung kann wie von Grawe selbst beschrieben, als den anderen drei Bedürfnissen zugrunde liegend gesehen werden und nicht als eigenes Bedürfnis (Grawe 2004, S. 300).

Die Überlegung Bedürfnisse von Mitarbeitern im Führungskontext zu berücksichtigen, lässt sich bereits in frühen Motivationstheorien finden. Maslows Bedürfnispyramide (1943), die drei Motive nach McClelland (1961) oder die Selbstbestimmungstheorie nach Deci und Ryan (2000) sind hierfür drei prominente Beispiele. Vergleicht man nun die Bedürfnisse aus diesen Motivationstheorien mit jenen, die für die Konzepte des Neuroleadership herangezogen werden, zeigen sich einige Überschneidungen.

a) Das Status- und Selbstwertbedürfnis
Das Bedürfnis, den eigenen Status im sozialen Vergleich zu schützen bzw. den eigenen Selbstwert zu erhöhen, findet sich auch in Maslows Bedürfnispyramide. Hier stehen die sogenannten Anerkennungsmotive auf der zweithöchsten Hierarchieebene. Sie beschreiben laut Maslow (1943) das Bedürfnis nach Selbstwert, also der Anerkennung für einen selbst, und das Bedürfnis nach Anerkennung anderer, dem Status. Darüber hinaus findet sich die Bedeutung des Status als Grundbedürfnis in den drei Motiven nach McClelland. Dieser definiert

das sogenannte Machtmotiv als eine starke Motivation, den eigenen Status und Prestige zu steigern (McClelland 1961, S. 44). Und nicht zuletzt spielt der Faktor Status auch in Bezug auf die Arbeitszufriedenheit eine wesentliche Rolle. Nach der Zwei-Faktoren Theorie von Herzberg et al. (1959), handelt es sich bei Status-zuweisungen um einen Kontext- bzw. Hygienefaktor, dessen Fehlen am Arbeits-platz bei Mitarbeitern zu Unzufriedenheit führt und daher von Führungskräften berücksichtigt werden sollte.

b) Das Sicherheitsbedürfnis

Mit dem Bedürfnis nach Sicherheit und dem entsprechend aus Unsicherheit resul-tierendem Stress beschreiben Rock und Grawe, dass Mitarbeiter sich sicher füh-len wollen und ihre Erwartungen und die Realität sich nicht zu sehr unterscheiden sollten. Wiederum findet sich dieses Bedürfnis in der von Herzberg et al. (1959) durchgeführten Pittsburgh Studie als Hygienefaktor, allerdings handelt es sich hierbei vor allem um die Sicherheit des Arbeitsplatzes, dessen Fehlen Mitarbeiter stark beeinträchtigen kann (Greenhalgh und Rosenblatt 1984, S. 446). Maslow wiederum beschreibt das Bedürfnis nach Sicherheit mit dem tatsächlichen Schutz vor Bedrohungen, der Arbeitsplatzsicherheit im übertragenen Sinne, und dem Eintreffen erwarteter Ereignisse: „the attempt to seek safety and stability in the world (…) for familiar rather than unfamiliar thing, or for the known rather than the unkown" (Maslow 1943, S. 379).

c) Das Kontrollbedürfnis

Das Bedürfnis, Kontrolle über den Ausgang einer Situation bzw. Handlungsspiel-räume zu haben, steht seit langer Zeit im Zentrum psychologischer Forschung. Rotter unterscheidet 1966 in seinen Überlegungen zum sogenannten „locus of control" zwischen internalen und externalen Kontrollüberzeugungen (Rotter 1966, S. 1). In Bezug auf den Arbeitskontext zeigt sich, dass internale Kontroll-überzeugungen sich positiv auf den Umgang mit Stress auswirken, wohingegen Personen mit externalen Kontrollüberzeugungen sich dem Stress eher ausgeliefert fühlen und diesen schlimmer wahrnehmen (Schaper 2011, S. 525). Deci und Ryan sehen das Kontrollbedürfnis als eines von drei wesentlichen Bedürfnissen in ihrer Motivationstheorie: „the organismic desire to self-organize experience and behavior and to have activity be concordant with one's integrated sense of self" (Deci et al. 2000, S. 231). Sie sehen darin also eine Kombination aus der Übereinstimmung von Handlungen mit dem eigenen Selbstkonzept und der gleichzeitigen Freiheit, Erfahrungen und Verhalten selbst steuern zu können, was zur Zufriedenheit und Motivation von Mitarbeitern beiträgt (Deci et al. 2008, S. 14). Darüber hinaus legt auch Karasek (1979) dar, dass eine Erweiterung der

Handlungsspielräume sich positiv auf die Motivation von Mitarbeitern auswirkt, was Ulich (2011) in seinem Modell der Arbeitsgestaltung bestätigt.

d) Das Bindungsbedürfnis

Für David Rock beschreibt Relatedness das Bedürfnis nach Zugehörigkeit zu einer Gruppe, während Grawe Bindung vor allem vor dem Hintergrund früherer Bindungserlebnisse und deren Wirkung auf die Teamfähigkeit und Leistung eines Mitarbeiters reflektiert. In Decis und Ryans Selbstbestimmungstheorie ist das Zugehörigkeitsbedürfnis ebenfalls eines von drei Bedürfnissen, die Menschen in sich tragen. Es beschreibt „the desire to feel connected to others" (Deci et al. 2000, S. 231). Ähnlich wie Rock, sehen sie darin also das Bedürfnis sich anderen zugehörig zu fühlen. Leary und Baumeister (1995) definierten das Bedürfnis nach Zugehörigkeit sogar als fundamentalen Treiber menschlicher Motivation. Im führungstheoretischen Kontext spielen diese Überlegungen insbesondere eine Rolle in Bezug auf das Thema interpersonelles Vertrauen. Hier wird untersucht, wie zwischen Führungskräften und Mitarbeitern aber auch zwischen Mitarbeitern Vertrauen aufgebaut werden kann, um einem Zugehörigkeitsbedürfnis gerecht zu werden (Reinhardt 2014b, S. 7).

e) Das Bedürfnis nach Fairness

Die Bedeutung von Gerechtigkeit im organisationalen Kontext wurde insbesondere durch Greenberg (1987) geprägt, der darstellte, wie Mitarbeiter die durch eine Organisation ausgeübte Gerechtigkeit wahrnehmen und wie sich diese Wahrnehmung in ihren Einstellungen und ihrem Verhalten niederschlägt. Verschiedene Studien untersuchen den Einfluss der wahrgenommenen Gerechtigkeit auf die Zufriedenheit und Leistung von Mitarbeitern, wobei die Anzahl der Dimensionen variiert. Dailey und Kirk (1992) stellten einen starken Zusammenhang zwischen der von Mitarbeitern wahrgenommenen Gerechtigkeit und deren kritischen Arbeitseinstellungen sowie deren Kündigungsabsicht fest und betonen, dass Führungskräfte Mitarbeiter informieren und respektvoll behandeln sollten. McFarlin und Sweeney (1992) stellten fest, dass sich die Gerechtigkeit insbesondere auf die Dimensionen Gehalts- und Arbeitszufriedenheit sowie die Bindung an eine Organisation und die Bewertung der Führungskraft auswirkt.

Die Vertreter von SCARF und AKTIV Modell definieren zusammenfassend also keine neuen Grundbedürfnisse. Vielmehr begründen sie bekannte Grundbedürfnisse neurowissenschaftlich und belegen so deren Einfluss auf den Führungskontext.

3.4   Reflexion der Handlungsfelder Teil 2: Grundregeln des Neuroleadership nach Elger

Im Gegensatz zu seinen Kollegen, definiert Christian Elger die Handlungsfelder für Führungskräfte nicht basierend auf den Grundbedürfnissen von Mitarbeitern, sondern leitet diese direkt aus den, von ihm als wesentlich identifizierten, Gehirnsystemen ab. Durch die Konzentration auf sieben Regeln, sollen diese Gehirnsysteme gezielt durch Führungskräfte angesprochen werden und Mitarbeiter besser geführt werden können.

1. Das Belohnungssystem ist die zentrale Schaltstelle
Das Ziel dieser ersten Regel nach Elger besteht darin, bei Mitarbeitern Zufriedenheit zu generieren. Dies sollte ein grundlegendes Vorgehen von Führungskräften sein (Elger 2009, S. 159). Die Bedeutung der Arbeitszufriedenheit (job satisfaction) sowie deren Einfluss auf die Leistung (job performance) von Mitarbeitern ist bereits seit langem Thema verschiedener arbeits- und motivationpsychologischer Studien (Judge et al. 2001, S. 376). Obwohl inzwischen von einem reziproken Zusammenhang dieser beiden Faktoren auszugehen ist, steht die Bedeutung der Arbeitszufriedenheit und deren positiver Einfluss auf Faktoren wie Fehlzeiten, Fluktuation und Unfallhäufigkeit am Arbeitsplatz außer Frage (Rosenstiel und Bögel 2014, S. 193 f.) Elger betont hier also die Relevanz eines bereits sehr bekannten und fundierten psychologischen Konstrukts, der Arbeitszufriedenheit, und begründet deren Entstehung neurowissenschaftlich durch die Aktivierung des Belohnungssystems.

2. Das Ultimatumspiel gilt überall
Mit seiner zweiten Regel beschreibt Elger (2009) das Ultimatumspiel, welches belegt, dass Menschen in Verhandlungen lieber fair behandelt werden wollen anstatt jedes Angebot anzunehmen, das ihnen unterbreitet wird. Er hebt hier wie sein Kollege Rock die Bedeutung von Fairness für Mitarbeiter hervor. Die Bedeutung des Bedürfnisses nach Fairness im Führungskontext wurde bereits zuvor dargelegt.

3. Vorinformationen beeinflussen Erwartung und Verhalten
Elger leitet diese Regel insbesondere aus dem Gedächtnissystem ab, in welchem, basierend auf Vorinformationen, Vorhersagen getroffen werden, die die Erwartungen und das Verhalten von Menschen sowohl positiv als auch negativ beeinflussen (Elger 2009, S. 161). Hinsichtlich dieser Regel ist vor allem das

sogenannte „Priming-Paradigma" (Stroebe et al. 2014, S. 112) relevant. Priming beschreibt, dass die Verarbeitung eines Reizes dadurch beeinflusst wird, dass zuvor bestimmte Gedächtnisinhalte durch einen bestimmten Reiz aktiviert wurden, wie zum Beispiel Wörter oder Bilder (Stroebe et al. 2014, S. 113). Aufgrund dieses ersten Reizes, der oft unbewusst bestimmte Gedächtnisinhalte im Hirn aktiviert, wird der nachfolgende Reiz entsprechend anders im Hirn verarbeitet (Bargh et al. 1996, S. 230). Dabei müssen beide Reize nicht unbedingt inhaltlich miteinander in Verbindung stehen oder zeitlich nah beieinander liegen. Elger beschreibt also eine Variation des Priming Effektes, bei welcher der Priming Reiz in den Vorinformationen besteht, die Mitarbeiter über ihre Führungskräfte erhalten und die ihr Verhalten diesen gegenüber beeinflussen können. Wie bei anderen Priming Reizen muss auch hier nicht unbedingt ein direkter Zusammenhang mit der nachfolgenden Situation bestehen (Elger 2009, S. 161), vielmehr besteht gerade darin der Effekt, der bereits in der Sozialpsychologie untersucht und hier von Elger auf den Führungskontext übertragen wird.

4. Jedes Gehirn ist anders
Diese Regel begründet Elger mit den verschiedenen Verschaltungen der Nervenzellen und dass Menschen aufgrund dieser verschiedener Erfahrungen und Erlebnisse verschieden sind. Jeder Mitarbeiter verfügt damit über spezielle Ressourcen und Fähigkeiten und setzt diese anders ein. An dieser Stelle sind insbesondere die Handlungsempfehlungen relevant, die Elger zu diesem Handlungsfeld ausspricht und die beschreiben, wie Führungskräfte die Individualität ihrer Mitarbeiter nutzen können. Aus diesem Grund wird dieses Thema in Abschn. 3.5 bei der Reflexion der Handlungsempfehlungen wieder aufgegriffen.

5. Keine Fakten ohne Emotion
Elger hält in seiner fünften Regel fest, dass Führungskräfte sich bewusst sein sollten, dass Emotionen auch im Arbeitskontext und vor allem bei Mitarbeitern immer mitschwingen. Tatsächlich bilden Emotionen und der Umgang mit Emotionen einen wesentlichen Kern führungstheoretischer Überlegungen (Mastenbroeck 2000, S. 20 f.), die vor allem seit Beginn des 21. Jahrhunderts hinsichtlich ihrer Rolle am Arbeitsplatz näher untersucht werden (Ashkanasy und Daus 2000, S. 78). Brockner und Higgins (2001) betonen, dass sich Emotionen von Mitarbeitern direkt auf deren Einstellung und Verhalten auswirken, insbesondere auf deren Arbeitszufriedenheit und Motivation. Auch managementwissenschaftlich stehen Emotionen im Fokus. Hier belegt Goleman (1998) die Relevanz seines Konzeptes der emotionalen Intelligenz für Führungskräfte. Ashkanasy und Daus (2000) zeigen, dass die Arbeitsbedingungen sich auf sogenannte „Work Events", also die

Höhen und Tiefen des Arbeitsalltags, auswirken, die sich in positiven oder negativen Emotionen niederschlagen und die Zufriedenheit, Loyalität und Bindung von Mitarbeitern beeinflussen. Emotionen sind demnach omnipräsent im Arbeitsalltag und müssen, so Ashkanasy und Daus (2000), entsprechend von Führungskräften verstanden und gesteuert werden.

6. Erfahrungen bestimmen das Verhalten

Mit dieser Regel hebt Elger die Bedeutung von Erfahrungen am Arbeitsplatz hervor (Elger 2009, S. 165) und warnt davor, Erfahrung als Innovationskiller zu sehen. Gleichzeitig betont er, dass die Bedeutung erfahrener Mitarbeiter nicht unterschätzt werden sollte. Diese ist auch Gegenstand verschiedener führungspsychologischer Betrachtungen und rückte insbesondere durch den fortschreitenden demografischen Wandel unter dem Begriff „Ageing Workforce" in das Zentrum der Aufmerksamkeit von Führungskräften (Regnet 2014, S. 673). Vor dem Hintergrund einer sich ändernden Altersstruktur in Unternehmen, wächst die Bedeutung erfahrener Mitarbeiter weiter. Durch altersgemischte Teams arbeiten erfahrene und weniger erfahrene Mitarbeiter zusammen, sodass diese von den Erfahrungen älterer Kollegen lernen können (Regnet 2014, S. 682). Auch Fredmund Malik warnt vor einer „falsche[n] Gleichmacherei" (Malik 2013, S. 187). So besteht für ihn wirksame Führung auch darin, zu unterscheiden, dass erfahrene Mitarbeiter weitaus weniger Führungsaufwand benötigen als noch unerfahrene und darüber hinaus erfahrenen Mitarbeitern zu zeigen, dass man sich auf sie verlassen kann.

7. Situationen können eine nicht vorhersehbare Eigendynamik entwickeln

Die siebte und letzte Regel von Christian Elger beschreibt, dass Führungskräfte sich bewusst sein müssen, dass sich Situationen unplanbar entwickeln können. Da situatives Verhalten im Hirn durch emotionale Bewertungen und Reaktionen des Belohnungssystems ausgelöst wird, hat es Vorrang vor geplantem Verhalten. Er bezieht sich damit auf ein Phänomen, wonach Mitarbeiter in einer gewissen Situation plötzlich ein anderes Verhalten zeigen als sonst. Hazel Markus (1977) beschrieb dieses Phänomen durch das Konzept der Selbstschemata, also mentale Strukturen eines Menschen, die durch dessen Erfahrungen entstehen und dazu dienen, selbstbezogene Informationen in Situationen in Bezug auf das eigene Selbstverständnis auszuwerten. Wesentlich ist, dass Menschen unterschiedliche Selbstschemata in Bezug auf verschiedene Kontexte entwickeln können (Markus 1977, S. 64). Diese Selbstschemata können dazu führen, dass es in gewissen Situationen zu einem Verhalten kommt (Markus und Kunda 1986, S. 865), dass als divergent empfunden wird, da ein anderes Selbstschemata als sonst aktiviert wird.

Auch die von Christian Elger definierten Handlungsfelder bringen keine grundsätzlich neuen Erkenntnisse hervor, obwohl sie aus den vier neurowissenschaftlich begründeten Hirnsystemen abgeleitet werden. Vielmehr lassen sich die von ihm beschriebenen Regeln in verschiedenen Konstrukten finden, die im Führungskontext bereits angewandt und belegt wurden.

3.5 Reflexion der Handlungsempfehlungen

Den dritten Bestandteil der Neuroleadership Konzepte bilden die konkreten Handlungsempfehlungen, die die jeweiligen Vertreter für Führungskräfte aussprechen. Sowohl David Rock als auch Christian Elger leiten ihre Empfehlungen aus der Beschreibung ihrer Handlungsfelder ab, während Peters und Ghadiri diese konkret in einem eigenen Schema festhalten. Die Empfehlungen sind untereinander nicht trennscharf und in Abb. 3.1 zusammengefasst.

Es wird zwischen drei Ebenen der Handlungsempfehlungen unterschieden: Zum ersten Empfehlungen mit allgemeinem Charakter, zum zweiten Empfehlungen, mit denen Führungskräfte insbesondere die Individualität des Mitarbeiters

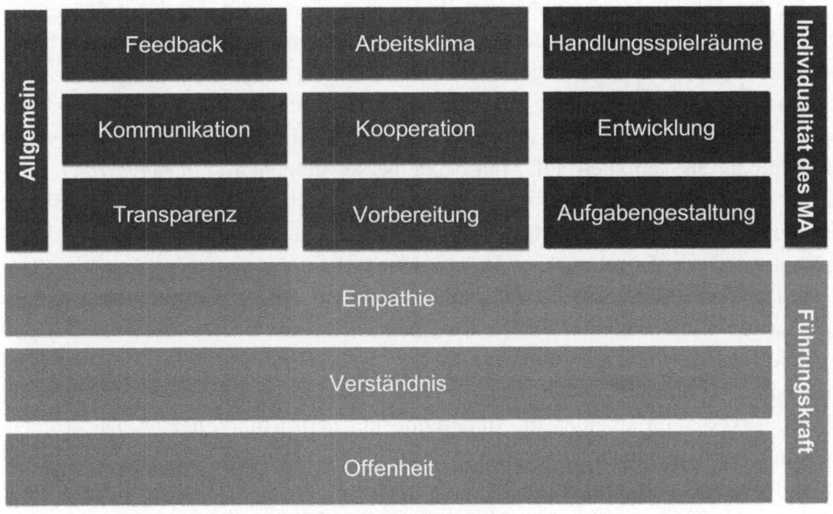

Abb. 3.1 Kategorisierung der Handlungsempfehlungen. (Eigene Darstellung)

stärken sollen und zum dritten Empfehlungen, die das Verhalten einer Führungskraft gegenüber einem Mitarbeiter adressieren.

Zu den allgemeinen Empfehlungen zählen: *Feedback* also qualifizierte Rückmeldungen bzw. Lob und Anerkennung, *Kommunikation* auf Augenhöhe zwischen Führungskraft und Mitarbeitern, *Transparenz* also die Weitergabe von Informationen von der Führungskraft an den Mitarbeiter, die Gestaltung des *Arbeitsklimas* also die räumliche Gestaltung und die konkreten Arbeitsbedingungen, *Kooperation* zwischen Mitarbeitern und *Vorbereitung* zum Beispiel von Zielvereinbarungsgesprächen oder Abstimmungen mit Mitarbeitern.

Zu den Empfehlungen, die sich insbesondere darauf konzentrieren, wie die Führungskraft der Individualität des Mitarbeiters gerecht werden kann, zählen: die Gestaltung von *Handlungsspielräumen,* wie durch die Übertragung von Verantwortung oder eigenen Projekten, die Förderung der *Entwicklung* eines Mitarbeiters durch Weiterbildungen oder auch Mentoring und Coaching und die richtige *Aufgabengestaltung* entsprechend der individuellen Fähigkeiten und Erfahrungen eines Mitarbeiters.

Zu den Empfehlungen, die sich auf Verhaltensweisen von Führungskräften gegenüber ihren Mitarbeitern beziehen, zählen: *Empathie zeigen,* sich also dieser Emotionen bewusst sein und sich in die Emotionen ihrer Mitarbeiter hineinversetzen können sowie *Offenheit und Verständnis,* gegenüber den individuellen Bedürfnissen ihrer Mitarbeiter.

In den Handlungsempfehlungen, die in den Konzepten des Neuroleadership zum Ausdruck kommen, steht vorwiegend die Interaktion zwischen Mitarbeiter und Führungskraft im Vordergrund (Reinhardt 2014a, S. 320). Führungskräfte sollten ihre Führungsinstrumente auf Mitarbeiter abstimmen *(allgemeine Empfehlungen),* insbesondere deren Individualität stärken *(Individualität des Mitarbeiters)* und mit ihrem Verhalten auf Mitarbeiter besser eingehen *(Führungskraft).* Mitarbeiter bringen wiederum ihre neurowissenschaftlich belegten Grundbedürfnisse in diese Interaktion ein. Vergleicht man diese Empfehlungen mit Empfehlungen aus anderen Führungstheorien, bei denen ebenfalls die Interaktion zwischen Führungskraft und Mitarbeiter im Vordergrund steht, zeigen sich insbesondere Parallelen zur Transformationalen Führungstheorie.

Die Transformationale Führungstheorie nach Bass und Avolio (1990) baut auf einem traditionellen Führungsverhalten auf und deckt sowohl gewünschtes Führungsverhalten als auch die Interaktion mit dem Mitarbeiter ab. Diese Interaktion umfasst einen Austausch zwischen Anreizen durch die Führungskraft, wie etwa Gehalt, und Beiträgen durch die Mitarbeiter, im Wesentlichen ihre Leistung (Lang et al. 2014, S. 102). Grundlage dieses Modells ist die transaktionale Führung, die aus Management by Exception und der bedingten Verstärkung besteht.

Management by Exception bezeichnet ein Prinzip, bei dem eine Führungskraft sich nur in Ausnahmesituationen einmischt, wenn der Mitarbeiter nicht alleine in der Lage ist, ein Problem zu lösen. Solange ein Mitarbeiter seine Aufgaben wie geplant erfüllt, greift die Führungskraft nicht ein (Neuberger 2002, S. 198). Die Empfehlung, Mitarbeitern Handlungsspielräume zu gewähren und nur in Ausnahmefällen in deren Aufgaben einzugreifen, findet sich auch in allen drei Neuroleadership Konzepten, in denen die Vertreter betonen, dass so das Bedürfnis eines Mitarbeiters nach Autonomie und Kontrolle erfüllt werden kann.

Bedingte Verstärkung bezeichnet laut Bass und Avolio den Anreiz, den eine Führungskraft in die Interaktion mit einem Mitarbeiter einbringt. Dabei kann es sich um Gehalt aber auch um Lob, Anerkennung oder eine Beförderung handeln, mit der die Führungskraft die vertraglich vereinbarte Leistung ihres Mitarbeiters entlohnt (Neuberger 2002, S. 198). Dieser Ansatz findet wiederum seine Entsprechung in den Empfehlungen der Neuroleadership Konzepte: Feedback, Transparenz, Kommunikation und Vorbereitung können alle als Instrumente bedingter Verstärkung gesehen werden.

Um schließlich die durch die transaktionale Führung erwartete Leistung eines Mitarbeiters zu einer Leistung zu transformieren, die über die Erwartungen hinausgeht, stellen Bass und Avolio (1990) vier Faktoren, die vier „I" transformationaler Führung heraus:

1. **Idealisierter Einfluss:** Die Führungskraft übernimmt eine Vorbildfunktion, sodass sich Mitarbeiter mit ihr und der von ihr vermittelten Mission und Vision identifizieren.
2. **Inspirierende Motivation:** Die Führungskraft kann Mitarbeiter durch emotionale Appelle dazu motivieren, über ihre eigenen Interessen hinaus einen Beitrag zu den Gesamtzielen der Organisation zu leisten.
3. **Intellektuelle Stimulierung:** Mitarbeiter werden von ihrer Führungskraft dazu angeregt, ihre Arbeit aus neuen Perspektiven zu sehen und ihre Überzeugungen infrage zu stellen.
4. **Individuelle Zuwendung:** Führungskräfte kümmern sich um die Bedürfnisse ihrer Mitarbeiter und geben diesen die Möglichkeit, ihr Potenzial zu entfalten und Herausforderungen zu bewältigen.

Hier wird deutlich, dass vor allem die Empfehlungen, die die Vertreter des Neuroleadership hinsichtlich der Stärkung der Individualität von Mitarbeitern aussprechen, sehr stark mit der intellektuellen Stimulierung nach Bass und Avolio übereinstimmen. In beiden Fällen sollen Führungskräfte ihre Mitarbeiter dazu ermuntern, neue Lösungen, Wege und Perspektiven zu finden, indem sie anspruchsvolle Aufgaben gestalten oder die Entwicklung und das Potenzial ihrer Mitarbeiter gezielt fördern. In gleichem Maß zielen die Empfehlungen, die die Individualität des Mitarbeiters in den Fokus der Führungskraft stellen, darauf ab, auf die Bedürfnisse von Mitarbeitern gezielt einzugehen, sei es durch eine individuelle Aufgabengestaltung, breite Handlungsspielräume oder wiederum durch Entwicklungsmöglichkeiten. Eben dieses Ziel formulieren auch Bass und Avolio durch die individualisierte Zuwendung in der Transformationalen Führung. Schließlich finden sich die Empfehlungen hinsichtlich des Verhaltens von Führungskräften gegenüber ihren Mitarbeitern ebenfalls in der Theorie von Bass und Avolio. Der idealisierte Einfluss und die inspirierende Motivation umfassen emotionale Appelle und sollen zu einer starken Identifikation von Mitarbeitern mit ihren Aufgaben und den Unternehmenszielen führen. Auch die Vertreter des Neuroleadership sehen in Empathie, Verständnis und Offenheit Verhaltensweisen, mit denen Führungskräfte ihre Interaktion mit Mitarbeitern verbessern können.

Zusammenfassend lassen sich viele der Empfehlungen des Neuroleadership auch im Ansatz der Transformationalen Führung wiederfinden, was Abb. 3.2 zusammenfassend verdeutlicht. Hier wurde das Modell von Bass und Avolio

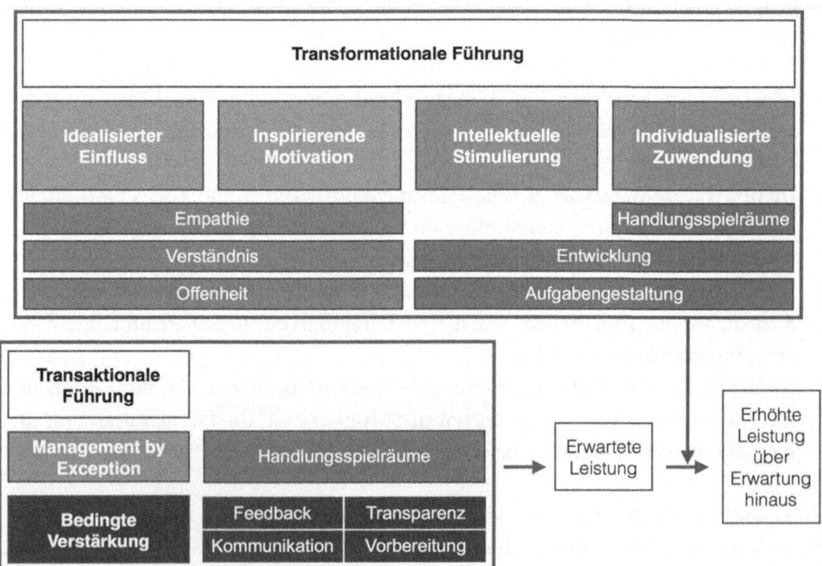

Abb. 3.2 Anwendung der Dimensionen des Neuroleadership auf das Modell transformationaler Führung. (Eigene Darstellung)

durch die jeweiligen Empfehlungen des Neuroleadership ergänzt, die sich damit überschneiden.

Auch für den dritten Bestandteil der Neuroleadership Konzepte lässt sich sagen, dass die hier ausgesprochenen Empfehlungen sich in anderen, bereits etablierten Führungstheorien wiederfinden lassen, bei denen die Interaktion von Mitarbeiter und Führungskraft im Zentrum steht. Hier hat der Vergleich mit den Empfehlungen, die Bass und Avolio im Rahmen der Transformationalen Führungstheorie aussprechen, gezeigt, dass es sich bei den Empfehlungen der Neuroleadership Konzepte nicht um gänzlich neue Empfehlungen handelt.

Zukunftsfähigkeit durch Neuro-Realismus?

Die Analyse hat gezeigt, dass die Vertreter des Neuroleadership Ansatzes, ihre Konzepte zwar durchaus neurowissenschaftlich und damit aus einer neuen Perspektive begründen, jedoch liefert diese Perspektive zu großen Teilen keine neuen Erkenntnisse. Es bestätigt sich die Aussage vieler Kritiker dieses Ansatzes, die den Neuroleadership Vertretern vorwerfen, alten Wein in neuen Schläuchen zu verkaufen und ihrem eigenen Anspruch, nämlich einer vollkommen neuen Sicht auf Führung und den Menschen, nicht gerecht zu werden. David Rock argumentiert im Hinblick auf diese Kritik, dass selbst wenn es der Wahrheit entspricht, dass Neuroleadership Konzepte keine neuen Erkenntnisse liefern, sondern nur bekannte Konzepte aus einer neurowissenschaftlichen Perspektive untersuchen, diese dennoch zu besseren Führungsergebnissen führen könnten, da sie auf Führungskräfte durch die Gehirnperspektive vertrauenserweckender wirken als andere Theorien (Rock et al. 2009, S. 5). Demnach wäre der Anspruch des Neuroleadership nicht, eine vollkommen neue Sicht auf Führung zu vermitteln und Führungstheorien weiterzuentwickeln, sondern vielmehr durch eine neue Perspektive, einen Weg zu finden, dass Führungskräfte diese Theorien besser in der Praxis anwenden können. Folglich kann dieser Ansatz dann vielversprechend sein, wenn die zugrunde liegende neurowissenschaftliche Argumentation hilft „einen Beitrag zur Veränderung von Überzeugungen zu leisten und schließlich Verhaltensweisen von Führungskräften zu bewirken" (Reinhardt 2014b, S. 19).

David Rock bezieht sich damit auf ein Phänomen welches Racine et al. (2005) als „Neuro-Realismus" bezeichnen, also die Tatsache, dass neurowissenschaftliche Erklärungen oder Bilder des Gehirns dazu führen, dass bestimmte Phänomene von der Öffentlichkeit eher real, objektiv und effektiv wahrgenommen werden, als wenn dieselben Phänomene in anderen wissenschaftlichen Zusammenhängen belegt werden. Einige Studien bestätigen diese Beobachtungen. McCabe und Castel (2007) befanden, dass wissenschaftliche Artikel den Lesern

© Springer Fachmedien Wiesbaden GmbH, ein Teil von Springer Nature 2019
G. Schiefer und R. Gattner, *Neuroleadership – die Grundannahmen in kritischer Analyse,* essentials, https://doi.org/10.1007/978-3-658-23478-2_4

dann schlüssiger erschienen, wenn diese durch Bilder des Gehirns, zum Beispiel MRT Scans, ergänzt wurden. Weisberg et al. (2008) legen dar, dass insbesondere Laien auf einem bestimmten Gebiet, Erklärungen, die sich auf neurowissenschaftliche Informationen stützten, logischer fanden, als andere ohne neurowissenschaftliche Hintergrund, auch wenn jene in sich nicht schlüssig waren. Diese Tatsache führen die Autoren auf verschiedene Faktoren zurück. Zum einen wirken neurowissenschaftliche Informationen zufriedenstellender auf den Leser, da sie eine Art verführerischen Effekt haben. Darüber hinaus hilft die neurowissenschaftliche Beschreibung dabei, vor allem psychologische Phänomene auf tatsächlich körperliche Erklärungen zurückzuführen, wodurch die Erklärung eingängiger erscheint – ein Effekt, der noch zusätzlich verstärkt werden kann, wenn etwa Bilder des Gehirns den Erklärungen zur Seite gestellt werden (Weisberg et al. 2008, S. 476). Diese Erklärungen würden bestätigen, was auch Rock und Ringleb in ihrem Artikel zu Herleitung des Neuroleadership Ansatzes anführen: dass harte, wissenschaftliche Fakten bei der Weiterentwicklung von Führungstheorien im Sinne des Neuroleadership notwendig sind (Rock und Ringleb 2008, S. 3 f.). Schließlich verweist auch David Rock selbst darauf, dass Studenten Führungskonzepte besser verstehen, wenn diese in neurowissenschaftliche Diskussionen eingebettet sind (Rock et al. 2009, S. 5).

Auf der anderen Seite existieren jedoch auch einige Studien, die den Effekt des Neuro-Realismus als deutlich geringer ansehen, als zuvor beschrieben. Hook und Farah (2013) zeigen, dass der Effekt von Bildern des Gehirns für die Glaubwürdigkeit von wissenschaftlichen Artikeln weit weniger deutlich ist, als McCabe und Castel darlegen. Auch Michael et al. (2013) belegen nach einer Wiederholung der von McCabe und Castel vorgestellten Studie, dass es zwischen Bildern des Gehirns und der wahrgenommenen Glaubwürdigkeit von wissenschaftlichen Artikeln nur einen sehr geringen Zusammenhang gibt. Rhodes et al. (2014) betrachten schließlich die Ergebnisse dieser verschiedenen Studien und kommen zu dem Schluss, dass nur bedingt ein Zusammenhang zwischen neurowissenschaftlichen Erklärungen und der wahrgenommenen Glaubwürdigkeit von wissenschaftlichen Artikeln besteht. Nichtsdestotrotz heben sie hervor, dass dieser Zusammenhang nicht zu vernachlässigen ist: Die Tatsache, dass Studienteilnehmer angaben, dass sie durch die neurowissenschaftlichen Erklärungen den dargestellten Zusammenhang von Musik und Lernen besser verstanden hätten, obwohl die neurowissenschaftlichen Erklärungen nicht immer etwas mit diesem Thema zu tun hatten, zeigt, dass neurowissenschaftliche Erklärungen durchaus eine Auswirkung auf die Einschätzung und Wahrnehmung des Menschen haben kann (Rhodes et al. 2014, S. 1438 f.).

Neben der bislang nicht abschließend geklärten Frage, ob neurowissenschaftliche Erklärungen einen wesentlichen Einfluss auf das Verständnis von Theorien haben, betonen Kritiker des Neuro-Realismus zudem, dass dadurch der Druck auf die Neurowissenschaften extrem ansteigt und durch die Veröffentlichung und Anwendung neurowissenschaftlicher Erkenntnisse die Limitationen der Neurowissenschaft verdeckt werden. Durch das Gütesiegel „Neuro" neigen Leser dazu, die kritischen Begrenzungen einer neurowissenschaftlichen Studie zu übersehen und diese als Fakten anzunehmen (Gruber 2017, S. 194). Weisberg et al. (2008) heben hervor, dass die neurowissenschaftlichen Erklärungen, die sie ihren Studienteilnehmern anboten, oft nicht einmal schlüssig waren oder nichts mit dem zu untersuchenden Thema zu tun hatten. Racine (2005) betont, dass die Forschung in diesem Feld noch in vollem Gang ist und das Gehirn keineswegs vollkommen erfasst. Er warnt davor, Erkenntnisse aus der Neurowissenschaft als zu vielversprechend zu verkaufen und als ultimative Lösung für viele der größten Probleme der Menschheit anzubieten. Laut Racine können sie diesem Anspruch noch nicht oder auch in der Zukunft nicht gerecht werden.

Im Hinblick auf das Neuroleadership lässt sich sagen, dass die neurowissenschaftliche Perspektive eine Möglichkeit sein kann, um Führungskräften bestimmte Führungstheorien näher zu bringen. Die angeführten Studien zeigen jedoch, dass David Rocks Aussage nicht als gegeben hingenommen werden kann, da der tatsächliche Einfluss neurowissenschaftlicher Erklärungen offen bleibt. Folglich müssen insbesondere Wege gefunden werden, um Führungskräften die Umsetzung bekannter Erkenntnisse in die Praxis zu erleichtern und sie zur Weiterbildung zu bewegen. Bislang können Rock und weitere Vertreter zwar eine neue Perspektive auf bekannte Erkenntnisse der Führungstheorien liefern, allerdings ist es fraglich, ob allein diese Perspektive einen so großen Beitrag leisten kann, wie es der Anspruch der Vertreter ist. Mit Blick auf die Zukunft hält Gordon (2008) für die drei in dieser Arbeit untersuchten Konzepte daher fest: „the key predictions of the NeuroLeadership field require validation (or disconfirmation) in empirical studies with large cohorts, studied longitudinally". Zusammenfassend müssen empirische Untersuchungen zeigen, ob diese Konzepte Führungskräften tatsächlich dabei helfen können, in der Praxis erfolgreicher zu sein und sei es lediglich durch die Vermittlung bekannten Wissens aus einer neuen, der neurowissenschaftlichen Perspektive, also dem Verkauf von altem Wein in neuen Schläuchen.

Was Sie aus diesem *essential* mitnehmen können

- Neuroleadership Konzepte erheben den Anspruch, einen wirklich neuen und anderen Führungsansatz zu beschreiben.
- Bei genauer Analyse kann dieser Anspruch nicht aufrechterhalten werden. Es zeigt sich, dass diese Konzepte im Wesentlichen nur bereits bekannte Erkenntnisse aus anderen Führungstheorien in eine neurowissenschaftliche Perspektive übersetzen.
- Da Neurowissenschaften ein sich stark entwickelndes Gebiet sind, müssen empirische Belege zeigen, ob Neuroleadership Konzepte zukünftig wirklich neue Erkenntnisse für effektives Führen generieren können.
- Der Neuro-Realismus kann ein hilfreiches Instrument sein, um Führungskräfte schneller von gut belegten Führungsstrategien zu überzeugen.

© Springer Fachmedien Wiesbaden GmbH, ein Teil von Springer Nature 2019
G. Schiefer und R. Gattner, *Neuroleadership – die Grundannahmen in kritischer Analyse,* essentials, https://doi.org/10.1007/978-3-658-23478-2

Literatur

Adams, J., & Rosenbaum, W. (1962). The Relationship of worker productivity to cognitive dissonance about wage inequities. *Journal of Applied Psychology, 46*(3), 161–164.

Arnsten, A. (1998). The biology of being Frazzled. *Science, 280,* 1711.

Ashkanasy, N., & Daus, C. (2002). Emotion in the workplace: The new challenge for managers. *Academy of Management Executive, 16*(1), 76–86.

Atkinson, J. (1957). Motivational determinants of risktaking. *Psychological Review, 64*(6), 359–372.

Bargh, J., & Pietromonaco, P. (1982). Automatic information processing and social perception: The Influence of trait information presented outside of conscious awareness on impression formation. *Journal of Personality and Social Psychology, 43*(3), 437–449. https://doi.org/10.1037/0022-3514.43.3.437.

Bargh, J., Chen, M., & Burrows, L. (1996). Automaticity of social behavior: Direct effects of trait construct and stereotype activation on action. *Journal of Personality and Social Psychology, 71*(2), 230–244. https://doi.org/10.1037/0022-3514.71.2.230.

Bass, B., & Avolio, B. (1990). *Manual for the multifactor leadership questionnaire.* Palo Alto: Consulting Psychologist Press.

Baumeister, R., & Leary, M. (1995). The need to belong: Desire for interpersonal as a fundamental human motivation. *Psychological Bulletin, 117*(3), 497–529.

Becker-Carus, C., & Wendt, M. (2017). Auditorisches System und weitere Wahrnehmungssysteme. In C. Becker-Carus & M. Wendt (Hrsg.), *Allgemeine Psychologie: Eine Einführung* (S. 157–196). Berlin: Springer.

Beckmann, J., & Heckhausen, H. (2010). Situative Determinanten des Verhaltens. In J. Heckhausen & H. Heckhausen (Hrsg.), *Motivation und Handeln* (S. 73–104). Heidelberg: Springer.

Brockner, J., & Higgins, E. (2001). Regulatory focus theory: Implications for the study of emotions at work. *Organizational Behavior and Human Decision Processes, 86*(1), 35–66. https://doi.org/10.1006/obhd.2001.2972.

Brunstein, J., & Heckhausen, H. (2010). Leistungsmotivation. In J. Heckhausen & H. Heckhausen (Hrsg.), *Motivation und Handeln* (S. 145–192). Heidelberg: Springer.

Burnes, B., & James, H. (1995). Culture, cognitive dissonance and the management of change. *Journal of Operations & Production Management, 15*(8), 14–33. https://doi.org/10.1108/01443579510094062.

© Springer Fachmedien Wiesbaden GmbH, ein Teil von Springer Nature 2019 39
G. Schiefer und R. Gattner, *Neuroleadership – die Grundannahmen in kritischer Analyse,* essentials, https://doi.org/10.1007/978-3-658-23478-2

Carter, E., & Pelphrey, K. (2008). Friend or foe? Brain systems involved in the perception of dynamic signals of menacing and friendly social approaches. *Social Neuroscience, 3*(2), 151–163. https://doi.org/10.1080/17470910801903431.

Dailey, R., & Kirk, D. (1992). Distributive and procedural justice as antecedents of job dissatisfaction and intent to turnover. *Human Relations, 45*(3), 305–317.

Deci, E., & Ryan, R. (2008). Facilitating optimal motivation and psychological well-being across life's domains. *Canadian Psychology, 49*(1), 14–23. https://doi.org/10.1037/0708-5591.49.1.14.

Ebner, N., & Freund, A. (2009). Annäherungs- vs. Vermeidungsmotivation. In V. Brandstätter & J. Otto (Hrsg.), *Handbuch der Allgemeinen Psychologie: Motivation und Emotion* (S. 72–78). Göttingen: Hogrefe.

Eisenberger, N. I., & Lieberman, M. D. (2005). Why it hurts to be left out: The neurocognitive overlap between physical and social pain. In K. D. Williams, J. P. Forgas, & W. von Hippel (Hrsg.), *The social outcast: Ostracism, social exclusion, rejection, and bullying* (S. 109–127). New York: Cambridge University Press.

Elger, C. (2009). *Neuroleadership: Erkenntnisse der Hirnforschung für die Führung von Mitarbeitern.* Freiburg: Haufe-Lexware.

Elliot, A. (1999). Approach and avoidance motivation and achievement goals. *Educational Psychologist, 34*(3), 169–189. https://doi.org/10.1207/s15326985ep3403_3.

Elliot, A. (2008). *Handbook of approach and avoid motivation.* New York: Psychology Press.

Festinger, L. (1957). *A theory of cognitive dissonance.* Stanford: Stanford University Press.

Goleman, D. (1998). *Working with emotional intelligence.* New York: Bantam.

Gordon, E. (2008). NeuroLeadership and Integrative Neuroscience: "it's about validation stupid!". *Neuroleadership Journal, 1,* 71–80.

Grawe, K. (2004). *Neuropsychotherapie.* Göttingen: Hogrefe.

Greenberg, J. (1987). A Taxonomy of organizational justice theories. *Academy of Management Review, 12*(1), 9–22.

Greenhalgh, L., & Rosenblatt, Z. (1984). Job insecurity: Toward conceptual clarity. *The Academy of Management Review, 9*(3), 438–448.

Gruber, D. (2017). Three forms of neuro-realism: Explaining the persistence of the "uncritically real" in popular neuroscience news. *Written Communciation, 34*(2), 189–223. https://doi.org/10.1177/0741088317699899.

Hasler, F. (2012). *Neuromythologie: Eine Streitschrift gegen die Deutungsmacht der Hirnforschung.* Bielefeld: Transcript.

Hedden, T., & Gabrieli, J. (2006). The ebb and flow of attention in the human brain. *Nature Neuroscience, 9*(7), 863–865.

Herzberg, F., Mausner, B., & Synderman, B. (1959). *The motivation to work.* New York: Wiley.

Hook, C., & Farah, M. (2013). Look again: Effects of brain images and mind-brain dualism on lay evaluations of research. *Journal of Cognitive Neuroscience, 25*(9), 1397–1405. https://doi.org/10.1162/jocn_a_00407.

Izuma, K., Saito, D., & Sadato, N. (2008). Processing of social and monetary rewards in the human striatum. *Neuron, 58,* 284–294. https://doi.org/10.1016/j.neuron.2008.03.020.

Johnson, R., Chang, C., Lanaj, K., & Way, J. (2013). Approaching success or avoiding failure? Approach and avoidance motives in the work domain. *European Journal of Personality, 27,* 424–441. https://doi.org/10.1002/per.1883.

Judge, T., Bono, J., Thoresen, C., & Patton, G. (2001). The job satisfaction-job performance relationship: A qualitative and quantitative review. *Psychological Bulletin, 127*(3), 376–407. https://doi.org/10.1037/0033-2909.I27.3.376.

Karasek, R. (1979). Job demands, job decision latitude, and mental strain: implications for job redesign. *Administrative Science Quarterly, 24*(2), 285–308.

Kiefer, T. (2011). Neuroleadership: Making change happen, May/June 2011. Abgerufen am 05.11.2017 von http://iveybusinessjournal.com/publication/neuroleadership-making-change-happen/.

Lang, R., & Rybnikova, I. (2014). *Aktuelle Führungstheorien und –konzepte.* Wiesbaden: Springer Fachmedien.

Malik, F. (2013). *Führen, Leisten, Leben: Wirksames Management für eine neue Zeit.* Frankfurt a. M.: Campus.

Markus, H., & Kunda, Z. (1986). Stability and malleability of the self-concept. *Journal of Personality and Social Psychology, 51*(4), 858–866.

Markus, H. (1977). Self-schemata and processing information about the self. *Journal of Personality and Social Psychology, 35*(2), 63–78.

Maslow, A. (1943). A theory of human motivation. *Psychological Review, 50*(4), 370–396. https://doi.org/10.1037/h0054346.

Mastenbroek, W. (2000). Organizational behavior as emotion management. In N. M. Ashkanasy, C. E. J. Hdrtel, & W. J. Zerbe (Hrsg.), *Emofions in the workplace: Theory, research, and practice* (S. 19–35). Westport: Ouorum.

McCabe, D., & Castel, A. (2007). Seeing is believing: The effect of brain images on judgments of scientific reasoning. *Cognition, 107*(1), 343–352. https://doi.org/10.1016/j.cognition.2007.07.017.

McClelland, D. (1961). *The Achieving Society.* Princeton: Van Nostrand.

McFarlin, D., & Sweeney, P. (1992). Distributive and Procedural Justice as Predictors of Satisfaction with Personal and Organizational Outcomes. *The Academy of Management Journal, 35*(3), 626–637.

McGregor, J. (2007). The Business Brain In Close-Up: Can neuroscience offer insights into the 'soft' art of leadership? The Business Week. Abgerufen am 31.10.2017 von https://www.bloomberg.com/news/articles/2007-07-22/the-business-brain-in-close-up.

Michael, R., Newman, E., Vuorre, M., Cumming, G., & Garry, M. (2013). On the (non) persuasive power of a brain image. *Psychonomic Bulletin & Review, 20*(4), 720–725. https://doi.org/10.3758/s13423-013-0391-6.

Neuberger, O. (2002). *Führen und führen lassen: Ansätze, Ergebnisse und Kritik der Führungsforschung.* Stuttgart: UTB.

Peters, T., & Ghadiri, A. (2013). *Neuroleadership – Grundlagen, Konzepte, Beispiele: Erkenntnisse der Neurowissenschaften für die Mitarbeiterführung* (2. Aufl.). Wiesbaden: Springer Fachmedien.

Racine, E., Bar-Ilan, O., & Illes, J. (2005). fMRI in the public eye. *Nature Review Neuroscience, 6*(2), 159–164. https://doi.org/10.1038/nrn1609.

Regnet, E. (2014). Ageing Workforce – Herausforderung für die Unternehmen. In L. v. Rosenstiel, E. Regnet, & M. Domsch (Hrsg.), *Führung von Mitarbeitern: Handbuch für erfolgreiches Personalmanagement* (S. 671–685). Stuttgart: Schäffer-Poeschel.

Reinhardt, R. (2014). *Neuroleadership: Empirische Überprüfung und Nutzenpotentiale für die Praxis.* Oldenbourg: De Gruyter Oldenbourg.

Reinhardt, R. (2014b). Neuroleadership: Theoretische Grundlagen, empirische Befunde und kritische Perspektiven. Abgerufen am 30.10.2017 von http://www.gfwm.de/wp-content/uploads/2014/02/NL-2015.pdf.

Reinhardt, R., & Roosen, G. (2014). Übersicht über bisherige Ansätze des Neuroleadership. In R. Reinhardt (Hrsg.), *Neuroleadership: Empirische Überprüfung und Nutzenpotentiale für die Praxis* (S. 25–34). Oldenbourg: De Gruyter Oldenbourg.

Rhodes, R., Rodriguez, F., & Shah, P. (2014). Explaining the alluring influence of neuroscience information on scientific reasoning. *Journal of experimental psychology, 40*(5), 1432–1440. https://doi.org/10.1037/a0036844.

Ringleb, A., & Rock, D. (2008). The emerging field of Neuroleadership. *Neuroleadership Journal, 1,* 3–19.

Ringleb, A., & Rock, D. (2009). Defining Neuroleadership as a field. *Neuroleadership, Journal, 2,* 3–10.

Rock, D. (2008). SCARF: A brain- based model for collaborating with and influencing others. *Neuroleadership Journal, 1,* 78–87.

Rock, D. (2009). Managing with the brain in mind. *Strategy + Business, 56,* 58–67.

Rock, D., & Cox, C. (2012). SCARF in 2012: Updating the social neuroscience of collaborating with others. *Neuroleadership Journal, 4,* 129–142.

Rock, D., & Schwartz, J. (2006). The neuroscience of leadership. *Strategy + Business, 43,* 71–81.

Rosenstiel, L. (2014). Motivation von Mitarbeitern. In L. v. Rosenstiel, E. Regnet, & M. Domsch (Hrsg.), *Führung von Mitarbeitern: Handbuch für erfolgreiches Personalmanagement* (S. 166–186). Stuttgart: Schäffer-Poeschel.

Rosenstiel, L., & Bögel, R. (2014). Arbeitszufriedenheit und Organisationsklima. In L. v. Rosenstiel, E. Regnet, & M. Domsch (Hrsg.), *Führung von Mitarbeitern: Handbuch für erfolgreiches Personalmanagement* (S. 187–200). Stuttgart: Schäffer-Poeschel.

Rotter, J. (1966). Generalized expectancies for internal versus external control of reinforcement. *Psychological Monographs, 80*(1), 1–28.

Ryan, R., & Deci, E. (2000). Self-Determination theory and the facilitation of intrinsic motivation, social development, and well-being. *American Psychologist, 55*(1), 68–78. https://doi.org/10.1037110003-066X.55.1.68.

Satel, S., & Lilienfeld, S. (2013). *Brainwashed. The seductive appeal of mindless neuroscience.* New York: Basic Books.

Saunders, B., & Richard, J. (2011). Shedding light on the role of ventral tegmental area dopamine in reward. *Journal of Neuroscience, 31*(50), 18195–18197. https://doi.org/10.1523/JNEUROSCI.4924-11.2011.

Schaper, N. (2011). Wirkungen der Arbeit. In F. Nerdinger, G. Blickle, & N. Schaper (Hrsg.), *Arbeits- und Organisationspschologie* (S. 517–540). Berlin: Springer.

Schulenburg, N. (2016). *Führung einer neuen Generation: Wie die Generation Y führen und geführt werden sollte.* Wiesbaden: Springer.

Stroebe, W., Hewstone, M., & Jonas, K. (2014). *Sozialpsychologie* (6. Aufl.). Berlin: Springer.

Tabibnia, G., & Lieberman, M. (2007). Fairness and cooperation are rewarding: Evidence from social cognitive neuroscience. *Annals of the New York Academy of Sciences, 1118,* 90–101. https://doi.org/10.1196/annals.1412.001.

Van Seters, D., & Field, R. (1990). The evolution of leadership theory. *Journal of Organizational Change Management, 3*(3), 29–45. https://doi.org/10.1108/09534819010142139.

Ulich, E. (2011). *Arbeitspsychologie* (7. neu u. erw. Aufl.). Stuttgart: Schäffer-Poeschl.

Weisberg, D., Keil, F., Goodstein, J., Rawson, E., & Gray, J. (2008). The seductive allure of neuroscience explanations. *Journal of Cognitive Neuroscience, 20*(3), 470–477. https://doi.org/10.1162/jocn.2008.20040.

Zak, P., Kurzban, R., & Matzner, W. (2005). Oxytocin is associated with human trustworthiness. *Hormones and Behavior, 48,* 522–527. https://doi.org/10.1016/j.yhbeh.2005.07.009.